Kryptowährungen 1x1

Ratgeber zur finanziellen Freiheit - Wie Sie die Blockchain und ihre Mechanismen verstehen, Kurspotential deuten und passives Einkommen generieren inkl. Bitcoin, Ethereum und Mehr

Andreas Beaumont

ISBN – 9798519054706

Inhaltsverzeichnis

Was sind Kryptowährungen?

Seit etwa 12 Jahren gibt es die Kryptowährungen nun. Angefangen hat es im Jahr 2009 mit dem Bitcoin, der uns allen wohl bekannt ist. Doch wie genau funktionierten die digitalen Währungen? Was hat es mit der Blockchain auf sich; wie verstehe ich ihre Mechanismen; Wie deute ich das Kurspotenzial der Kryptowährungen richtig? All diese Fragen wollen wir in diesem Buch beantworten und Ihnen das kleine 1 x 1 im Krypto-Bereich mitgeben. Die virtuelle Welt der Währungen wächst von Tag zu Tag immer mehr an. Viele Menschen entscheiden sich daher, ebenfalls mit einzusteigen. Um mit all den Veränderungen und den digitalen Währungen mithalten zu können, muss man sich gut informieren. Insbesondere für neue Einsteiger kann die Welt der Kryptowährungen überwältigend sein - belesen Sie sich zu den wichtigsten Punkten der digitalen Geldwelt, um ein passives Einkommen zu generieren.

Bereits in den 1990er Jahren wurde über die Sicherheit und Privatsphäre in der online Welt gesprochen sowie diskutiert. Hierbei haben sich einige Programmierer und Kryptografen zusammengefunden, um über weitere mögliche Wege nachzudenken. Diese Gruppe aus verschiedenen Personen nannte sich auch die "Cypherpunks" (wohl abgeleitet von dem Wort "Cyberpunk"). Ein Name, den Sie sicherlich auch schon einmal gehört haben, ist Adam Back, ein Part der Gruppe. Der Brite hat damals die Proof-of-Work-Strategie ins Lebens gerufen. Was genau hat es damit auf sich? Der Computer soll dabei bestätigen beziehungsweise beweisen, dass ein gewisser Aufwand, eine bestimmte Zeit in die zu verschickende Nachricht investiert wurde, sodass Spam vermieden werden kann. Auf dieser Methode beruhen die Kryptowährungen heutzutage noch.

Wussten Sie zudem, dass ein weiteres Gruppenmitglied der Cypherpunks, nämlich der sogenannte Satoshi Nakamoto (der Name ist lediglich ein Pseudonym, nicht der echte Name), letztendlich den Bitcoin erfunden hat? Im Jahr 2008, genauer gesagt am 01.11.08, präsentierte Satoshi Nakamoto seine bahnbrechende Kryptowährung-Idee. Er stellte sie in "The Cryptography Mailing List" vor und gab der Währung den heute nur allzu bekannten Namen "Bitcoin". Dass diese Idee innovativ und sinnvoll zugleich war, stellte sich binnen kürzester Zeit heraus. Denn nur etwa zwei Monate nach der Vorstellung seiner Idee fand die erste Überweisung mit Bitcoin statt.

Bevor wir uns die Kryptowährungen genauer anschauen, sollten wir uns die drei bekanntesten, verschiedenen Währungsoptionen anschauen: Digitale Währung, Virtuelle Währung sowie die Kryptowährung.

Die digitale Währung, welche übrigens auch Cybercash genannt wird, ist - wie der Name bereits erahnen lässt - nur digital beziehungsweise elektronisch erhältlich und kann daher auch nur digital ausgegeben werden. Sie ist nicht in physischer Form verfügbar und kann wirklich ausschließlich elektronisch ausgegeben werden. Der Vorteil bei den digitalen Währungen ist, dass Sie recht preiswert damit handeln und stets über Ihren Laptop oder Ihr Smartphone darauf zugreifen können. Um ein bekanntes Missverständnis direkt zu klären: Es ist so, dass alle Kryptowährungen digitale Währungen sind, jedoch nicht jede digitale Währung eine

Kryptowährung ist. Dieser Punkt führt oftmals zu Verwirrung oder Unstimmigkeit, Sie können sich merken, dass definitiv jede Kryptowährung, die Sie vielleicht einmal nutzen möchten, eine digitale Währung ist. Dadurch bieten sich Ihnen alle oben genannten Pluspunkte der digitalen Währung.

Doch lassen Sie uns nun zu der Virtuellen Währung kommen. Die virtuelle Währung meint die nicht regulierte digitale Währung. Sie ist ausschließlich elektronisch verfügbar, da sie nur über die digitale Geldbörse oder ausgewählte digitale Anwendungen genutzt werden kann. Kryptowährungen gehören ebenfalls zu den virtuellen Währungen, welche als Teilung der digitalen Währung betitelt werden. Virtuelle Währungen können nicht von einer Bank ausgegeben oder bestimmt werden. Sie werden mithilfe von Blockchain (genauere Erläuterungen folgen im Verlaufe des Buchs, ab Kapitel 2) erstellt. Da diese Währung nicht reguliert ist, wie wir gerade gelernt haben, kann es hier zu sehr hohen Preisveränderungen kommen.

Die Kryptowährung - eine digitale Währung, welche, ganz simpel formuliert, durch einen Computer Code generiert wird. Im Endeffekt sind Kryptowährungen auch als eine Art der Datenkette zu verstehen, welche berechnet und codiert wurde, damit darauf basierend eine Währungseinheit gegeben beziehungsweise bestimmt werden kann. Wie entstehen Kryptowährungen? Wie werden sie erzeugt? Hierbei kommt der Begriff **Mining** ins Spiel – das Hinzufügen von neuen Transferdatensätzen und Einheiten zu der jeweiligen Währung. Miner, Krypto-Teilnehmer des dezentralen Netzwerks generieren eben diese neuen Einheiten und können sie auch gewinnversprechend verkaufen. Alle Miner (also die Personen, die die Datensätze überprüfen sowie verschlüsseln) erhalten eine Bezahlung in der Form der jeweiligen Währung.

Nun erhalten Sie ein Mining Beispiel, welches anhand des Bitcoins erläutert wird. Auch beim Bitcoin (der bekanntesten Kryptowährung) Mining werden die neuen Transfers von den Minern der bereits bestehenden Kette (Blockchain) zugeschrieben, leichter gesagt: die Transaktionen werden angehängt an die Kette. Es werden die Transfers einer bestimmten Zeitdauer zusammengefasst. Dadurch entsteht ein neuer Block. Wie genau ein neuer Block letztendlich generiert wird, hängt von der Kryptowährung ab. Beim Bitcoin ist es so, dass die Miner mit dem Algorithmus SHA-256 arbeiten. Mit dieser Hash Funktion können die Miner das kryptografische Rätsel, das bei der Erstellung eines neuen Blocks gelöst werden muss, knacken. Eine genaue Erläuterung zu Hash und den Hash Funktionen finden Sie im zweiten Kapitel.

Bei einem Transfer mit Bitcoin kann die Transaktion aus einer unbestimmten Anzahl von Inputs (das meint die Eingaben) und Outputs (das sind die Ausgaben) bestehen. Es ist immer so, dass der Output von einem Transfer den Input des nächsten Transfers vorgibt beziehungsweise dem entspricht. Es dürfen dabei nicht mehr Bitcoins ausgegeben werden, als investiert wurden, das bedeutet also, dass der Output nicht größer als der Input sein darf.

Der Output ist immer ein neuer Hash, dies ist von Bitcoin und dem Protokoll so festgehalten. Die ersten 17 Bits des Outputs sind Nullen. Um diesen neuen Hash zu finden, müssen die Miner nun die Aufgabe lösen. Dies geschieht, indem sie so lange herumtesten, bis die richtige Lösung, die korrekte Nonce, gefunden wurde. Genau dieser Prozess beschreibt die Proof-Of Work Methode, die wir kennengelernt haben. Da meist viele

Miner probieren, eine Aufgabe zu lösen, um belohnt zu werden, gewinnt der, der die Aufgabe als erstes gelöst hat (meint= der Miner, der den neuen Hash somit als schnellstes errechnen konnte). Der Miner kann den neuen Block dann veröffentlichen. Damit es hierbei nicht zu Manipulationen kommen kann, machen die Knoten der Blockchain ihre Arbeit, indem sie den neu generierten und hinzugefügten Block verifizieren. Der neue Block ist nur dann korrekt und wird als solcher angenommen, wenn folgendes gegeben ist: Bei jedem neuen Block muss, die vom Miner gewählte, Nonce mit den Input Mengen, die bei der Transaktion genutzt wurden, zusammen den neuen, korrekten Hash Wert mit der korrekten Anzahl von Nullen (die am Anfang stehen) im Wert, ergeben. Das Interessante daran ist, dass die eigentliche Überprüfung nicht einmal eine Sekunde in Anspruch nimmt. Wenn Sie sich nun das Minen anschauen, so kann es sein, dass man erst nach einigen Minuten zur Lösung kommt. Wie viel ein Miner für seine Arbeit bekommt, kann von Zeit zu Zeit variieren. Jedoch ist der Preis immer aktuell festgelegt, sodass Miner wissen, was sie erhalten. Transaktionen im Krypto Bereich erfolgen immer sofort und sind auch direkt im gesamten Netzwerk bekannt.

Bei dieser Währung sind eine Fälschung des Geldes oder andere Betrugsversuche so gut wie unmöglich. Denn die Kryptowährung selbst beruht auf Kryptographie, eine Methode oder auch Wissenschaft, die es schafft, verschiedene Daten verschlüsselt zu versenden, sodass nur die Person, für die die Daten bestimmt sind, sie erhalten sowie lesen beziehungsweise darauf zugreifen kann. Die digitalen Währungen beruhen auf dem Prinzip der Verschlüsselung von verschiedenen Daten oder Informationen. Die Kryptowährungen und all die damit zusammenhängenden Transfers basieren zudem auf Blockchain. Dabei werden die Informationen und Daten verschlüsselt gespeichert und das auf tausenden von Servern gleichzeitig. Somit ist eine hohe Sicherheit gegenüber Fälschungen gegeben. (Später erfahren wir noch mehr über die Blockchain und ihre unglaublichen Mechanismen.)

Durch die neue Währungsform, die Kryptowährung, kann Geld und die Währung selbst ganz ohne die Kontrolle der Zentralbanken oder Regierungen vonstattengehen. Diese Art der Währungen ist zudem übertragbar sowie teilbar. Die Kryptowährung wird oftmals auch Kryptogeld genannt und beschreibt digitale

Zahlungsmittel, welche auf verschiedenen kryptographischen Werkzeugen beruhen. Ein bekanntes Werkzeug, welches wir im Verlaufe dieses Buchs erkunden werden, ist die Blockchain. Das digitale Geld beziehungsweise dessen Zahlungssystem ist in der Regel dezentral und kryptografisch abgesichert. Zu den bekanntesten Kryptowährungen gehören unter anderen Bitcoin und Ethereum - auch diese erörtern und erkunden wir in diesem Buch. In vielen Ländern und Bereichen des Lebens haben Kryptowährungen das analoge Geld fast komplett ersetzt.

Interessant ist ebenfalls zu wissen, dass nur etwa 100 der 5000 verschiedenen Kryptowährungen einen täglichen Umsatz über 1000 US Dollar erreichen. Bitcoin zählt hier klar zu den Favoriten, doch auch Ethereum beispielsweise hat einen sehr guten Lauf und kommt immer näher an die Popularität von Bitcoin heran.

Mit dem Blockchain System werden alle Transaktionen und Änderungen aufgenommen sowie beschrieben. Diese Ergebnisse werden zudem auf verschiedenen Computern gespeichert, sodass eine Fälschung oder ein Betrug fast komplett unmöglich sind.

Ein Bitcoin Konto beispielsweise kann eine Wallet haben, die es einem ermöglicht, seine Coins immer im Überblick zu haben. Die Wallet, auf Deutsch "Portemonnaie" oder "Geldbörse", ist letztendlich ein digitales Portemonnaie, mit dem die Coins verwaltet werden. Bestehend aus einem privaten und öffentlichen Schlüssel, stellt jede Wallet ein Schlüsselpaar bereit. Wie der Name bereits verrät, ist der private Schlüssel auch nur privat für den jeweiligen Wallet-Besitzer ersichtlich. Der öffentliche Schlüssel kann wie eine Kontonummer oder IBAN angesehen werden und ist für jeden öffentlich ersichtlich. (Diese Schlüssel werden auch Public und Private Key genannt.) Der private Schlüssel gehört zu der digitalen Unterschrift und dient der Identifikation. Alles, was Sie für einen Transfer mit Bitcoin benötigen, auf einen Blick: Sie brauchen den öffentlichen Schlüssel des Empfängers beziehungsweise seines Kontos sowie den Betrag, den Sie versenden wollen. Zudem müssen Sie Ihre eigene öffentliche Adresse, ihren Public Key, eintragen, und zusätzlich Ihren geheimen, privaten Schlüssel eintragen, um zu bestätigen, dass Sie der Eigentümer der Wallet sind. Es werden keine Namen oder Adressen benötigt, nur die jeweiligen Keys, um die Transaktion durchführen zu können.

Weshalb nun Kryptogeld? Bei den Kryptowährungen geht es um den unabhängigen, bargeldlosen Geldtransfer. Sie werden auch als Alternative zum herkömmlichen Finanzwesen angesehen. Es werden keine Banken benötigt, keine Räume, kein Papier, denn jeder Krypto-Besitzer ist letztendlich sein eigenes Finanzinstitut. Dies wiederum bedeutet auch, dass es keine zentrale "Macht" gibt, die über die Finanzsituation entscheidet. Somit können Sie als Käufer alles selbst im Überblick haben sowie Ihre eigenen Entscheidungen in dem Bereich treffen. Wichtig ist, zu beachten, dass Sie zeitgleich natürlich auch alleine für Ihr digitales Vermögen verantwortlich sind, was bedeutet, dass Sie die Sicherheit Ihres Geldes komplett selbst tragen. Momentan sind Kryptowährungen zwar weit davon entfernt, die herkömmlichen Zahlungen zu ersetzen, dennoch ist das Potenzial groß. Durch die stetig wechselnden Kurse ist es schwierig, Bitcoin, Ether und Co wirklich als normales und reguläres Zahlungsmittel zu nutzen, weshalb aktuell viele Unternehmen (Einzelhandel beispielsweise) Kryptogeld noch nicht als Währung annehmen. Doch wenn man sich online ein wenig umschaut, findet man bereits jetzt etliche Shops und Websites, die Kryptowährungen durchaus neben den herkömmlichen Zahlungsmitteln anbieten. Dies wiederum zeigt, dass Kryptowährungen auf einem guten Weg sind, sich vollständig zu etablieren.

Wie verstehe ich Blockchain und ihre Mechanismen?

Sie wird als innovativ und revolutionär betitelt, da durch sie erstmals für sichere, risikofreie Transaktionen im digitalen Bereich gesorgt wird – die Blockchain.

Die Technologie hinter der Blockchain kommt aus dem Bereich Distributed Ledger Technology, welche kurz auch DLT genannt wird. Auf diese Begrifflichkeit kommen wir in diesem Kapitel noch zurück. Doch nun schauen wir uns zunächst einmal an, woraus der Begriff "Blockchain" besteht. Das "Block" in dem Namen meint die Transfers, die Transaktionen, die zusammengefasst und gespeichert werden. Der Teil "Chain", im Deutschen mit "Kette" zu übersetzen, bedeutet, dass die zusammengefassten und gespeicherten Daten der Transaktion wie eine Kette aneinandergereiht werden. Dabei ist jeder Block als eine Art Kettenglied zu sehen (=Blockchain). Eine Blockchain wächst somit linear weiter, mit jeder Transaktion wird ihre Kette länger. Übrigens: Wie kurz erwähnt, gibt es im Blockchain-Bereich auch den Begriff des Minings, welcher die Generierung des Blocks sowie ihre Verschlüsselung meint und von den sogenannten Minern durchgeführt wird. Diese erhalten als "Entschädigung" für ihre Arbeit Coins.

Bevor wir uns genauer mit dem Thema Blockchain befassen, können wir eine kurze, knappe und leicht verständliche erste Definition liefern: Die Blockchain kann als Datenbank angesehen werden, welche eben verschiedene Daten (Informationen der Transfers) speichert und zeitgleich die Prozesse der Transaktionen überprüft, verifiziert und durchführt.

Hierbei werden die im Netzwerk durchgeführten Transaktionen in chronologischer Reihenfolge sozusagen aneinandergereiht. Diese Transaktionen werden durch das Mining verifiziert. Danach werden sie in einzelne Blocks / Blöcke unterteilt beziehungsweise zusammengefasst. Sobald eine Zusammenführung durch das Mining durchgeführt wurde, ist dieser Prozess nicht mehr rückgängig zu machen. Das bedeutet, dass der jeweilige Block mit dem anderen verbundenen Block zusammengehört und unzertrennbar ist. Dieser Prozess wird Blockchain genannt. Die Blockchain sorgt für größere Sicherheit, da es fast unmöglich ist, die zusammengefassten Blöcke inklusive der Daten oder Informationen zu manipulieren, wenn sie einmal durch das Mining gingen und verifiziert sowie zusammengeführt wurden. Durch die perfekte Kombination verschiedener Verschlüsselungsmechanismen und weiteren Technologien ist Blockchain so sicher und quasi risikofrei.

Der entscheidende Punkt ist ebenfalls: Die Blockchain sorgt dafür, dass die Daten bei einer Transaktion, einem Vertrag beispielsweise, nicht mehr nur auf dem zentralen Server der Betroffenen zu finden sind. Die Daten liegen nun nämlich in einer verteilten Datenbank, welche letztendlich worldwide ist.

Die Prüfungen und Verifizierungen durch Blockchain finden stets in regelmäßigen, zuvor ausgewählten, zeitlichen Abständen statt. Bei der Kryptowährung Bitcoin ist es beispielsweise so, dass etwa alle zehn Minuten eine Überprüfung stattfindet. Es ist eine Art Auflistung oder Historie der gesamten Transaktionen, die in den regelmäßigen Abständen verifiziert wird. Für diese immer wieder stattfindende Revision, oder auch Audit genannt, erhalten alle Personen des Minings (Miner) eine bestimmte Anzahl von Coins als Ausgleich. Diese Coins werden dabei neu erschaffen und als Entschädigung verstanden.

Der Begriff "distributes ledger", der Bereich, aus dem die Blockchain kommt, ist als Datenbankstruktur zu verstehen. Wenn wir von der Blockchain sprechen beschreiben wir damit im Endeffekt die Ausprägung der jeweiligen verteilten Datenstruktur. Die Blockchain sammelt also in den (wie oben beschrieben) festgelegten Zeitabschnitten die durchgeführten Transaktionen und fasst sie zu den Blöcken zusammen, welche wiederum mit den vorangehenden Blöcken vereint werden.

Um die Blockchain richtig zu verstehen, bietet sich ein konkretes Beispiel an. Eines der bekanntesten ist dabei wohl die Bitcoin Blockchain. Anhand dieses weltweit bekannten Beispiels ist es einfacher, die Blockchain noch besser zu verstehen.

Wie funktioniert die Blockchain?

Der erste Grundbaustein für die Blockchain liegt natürlich in der eigentlichen digitalen Transaktion. Diese Transaktionen können ganz einfach mit dem Verschicken von E-Mails verglichen werden, da es bei den Transaktionen nicht immer um das Versenden von Geld geht. Oftmals werden ebenfalls Verträge, Urkunden oder Ähnliches transferiert. Sobald diese Transaktion durchgeführt wurde, wird geprüft und autorisiert, dass der jeweilige Versender bzw die Partei auch wirklich das Recht hat, diese Transaktion auszuführen. In der Regel findet die Überprüfung und Verifizierung zeitgleich mit dem Transfer statt. Wenn es dann zu der Zusammenfassung der Blöcke kommt, werden die Blöcke mit der sogenannten Hash Funktion verschlüsselt. Herauskommt die Bit-Nummer - als diese werden die Daten verschlüsselt. Bei jeder Zusammenfassung entstehen andere Nummern, sodass die gerade verschlüsselten und zusammengefassten Blöcke ganz klar identifizierbar sind. Ein Vertausch ist somit ausgeschlossen. Ein Block im Krypto-Sinne hat immer einen Header, eine gesammelte Gruppe von Transaktionen sowie einen Hinweis, welcher auf den vorangegangenen Block zurückzuführen ist. Verlinkte Hashes gehören zusammen und bilden somit eine Art Kette, die vollkommen sicher und eindeutig ist. Anders formuliert, erarbeiten Hash Funktionen eine ganz bestimmte, eindeutige Zeichenfolge, welche eine feste Länge hat. Diese generieren sie aus den Datensätzen. Diese Funktion dient - wie man es sich schon denken kann - der Sicherheit und wird als Hauptkern der kryptographischen Security betitelt. Eine beliebige Abfolge von Daten wird in eine Kette von Bytes umgewandelt, die alle eine feste Länge und einen festen Aufbau haben. Dadurch wird die Identifikation von Transfers gewährleistet beziehungsweise vereinfacht.

Was genau ist ein Hash? Ein Hash ist also eine Art digitaler Fingerabdruck einer dualen Eingabe. Die Hash Funktion gilt als einer der fundamentalen Bausteine vieler Kryptowährungen. Interessant zu wissen: Bereits vor dem Bitcoin gab es in anderen Zusammenhängen Hash Funktionen.

Die Daten und Informationen müssen bei Blockchain ebenfalls validiert werden. Dies geschieht noch bevor die Blöcke selbst generiert werden. Das Proof of Work-Prinzip, welches Sie im ersten Teil des Buches kennengelernt haben, ist die wohl bekannteste Art der Validierung im Krypto Bereich. Meist ist es so, dass das Proof of Work-Verfahren komplizierte mathematische Anforderungen oder Aufgaben stellt. Nun kommen wir noch einmal zum, weiter oben bereits kurz angeschnittenen, Thema Mining. Wie Sie sicherlich schon wissen, stammt der Begriff eigentlich aus dem Bergbau und bedeutet so viel wie das "Schürfen". Dies ist die Phase, in der der Block nun erstellt und zeitgleich gehasht wird. Bevor der Miner loslegen darf, muss er eben das mathematisches Problem oder das Rätsel, wenn man es so nennen möchte, korrekt beantworten. Die erste Person, die dieses Rätsel korrekt löst, wird als Miner zugelassen und erhält dafür eine Auszahlung in Form der jeweiligen Kryptowährung, in diesem Fall Bitcoin. Wenn die Blöcke generiert sowie validiert wurden und der Miner seine Arbeit fertiggestellt hat, geht es weiter mit den Knoten. An die Knoten werden die Kopien der jeweiligen Knöpfe geschickt sowie verteilt. Das bedeutet, dass jeder Knoten den Block zur Kette (=Chain) hinzufügt. Dies ist unveränderlich und kann daher auch nicht manipuliert oder nachträglich angepasst werden. Durch die sichere Software, die Technologien ist es nicht möglich, dass ein Miner Betrug begeht. Sollte er es dennoch probieren, wird dies sehr schnell auffliegen. Das liegt daran, dass sich alle Hash-Werte der zusammenhängenden Blöcke zeitgleich ändern, wenn der Miner etwa versucht, einen Block der Kette zu seinen Gunsten zu manipulieren.

Zusammenfassung Definition und Funktion der Blockchain

Die Blockchain gilt als die relevanteste Technologie im Bereich der Kryptowährungen. Dabei basiert sie selbst auf drei wichtigen Teilen, wovon der erste das offene Buch (auch Kassenbuch) ist. Wie wir gelernt haben, speichert die Blockchain die Daten einer Transaktion so, dass sie für das gesamte Netzwerk ersichtlich sind. Dadurch kann versichert werden, dass falsche / manipulierte oder ungültige Transfers binnen weniger Sekunden abgelehnt werden. Es ist daher nicht möglich, die Transaktionen zu manipulieren. Wenn ein Nutzer beispielsweise versucht, mehr Coins, als er eigentlich in seiner Wallet hat, zu versenden, wird dieser Transfer schlichtweg fehlschlagen. Der zweite Schritt / Teil ist die Sicherheit. Natürlich sollen die Daten im offenen Kassenbuch nicht nach Belieben verändert werden, weshalb es eben die Veröffentlichung im ganzen Netzwerk gibt. Es wird dezentralisiert, sodass jede Person in dem Netzwerk eine Kopie des offenen Buches einsehen sowie führen kann. Man nennt diese ganze Kopie auch Full Node. Nur der Begriff "Node" an sich würde einen Computer beschreiben, der mit anderen Computern im Netzwerk zusammenhängt beziehungsweise verbunden ist. Er teilt Informationen. Die Full Node betitelt einen Computer in dem uns nun bekannten Peer-to-Peer-Netzwerk von Bitcoin. In diesem Fall besitzt der Computer (und die Person dahinter) eine Kopie der kompletten Bitcoin-Blockchain, welche sich stets updated und erneuert.

Nun sind wir bei den Minern: Diese User kümmern sich um die Aktualität des Kassenbuches und überprüfen diese. Zuerst wird bei einer Transaktion also überprüft, ob der User zum Beispiel genügend Geld hat, bevor er den Transfer durchführen kann. Dann muss der jeweilige Miner eine Art Schlüsselcode knacken beziehungsweise errechnen. Dadurch ist er in der Lage, das Kassenbuch zu aktualisieren, indem er die neue Transaktion einträgt. An diesem Punkt kommt die Proof-of-Work-Methode ins Spiel, mit der wir im ersten Kapitel Bekanntschaft geschlossen haben. Diese hilft dabei, Spam und Fakes zu erkennen, da zunächst die Lösung für den Code / die "Rechenaufgabe" gegeben werden muss. Der Code wird auch Hash Wert genannt, wie wir wissen. Dieser wird dann an alle Full Nodes (alle Computer auf dem Netzwerk) versendet, sodass alle die aktuellste Version des Kassenbuchs haben. Für den Miner, der den Transfer bestätigt, gibt es dann eine Belohnung (=Bitcoins).

Zusatzinformationen

Das Bitcoin-Protokoll besagt, dass alle zehn Minuten ein weiterer, neuer Block generiert wird und dann auch zu der Chain, also der Kette, hinzugefügt wird. Dadurch werden die Transaktionen, die gerade in dem neuen Block stattfanden, verifiziert. Der neue Hash wird jetzt zum Docking-Punkt für den neuen Block, besser gesagt die Generierung des neuen, nächsten Blocks. Es ist im Bitcoin-Bereich so, dass man nach vier bis sechs neuen Blocks und deren Verifizierungen von der unzertrennbaren und unzerstörbaren Kette sowie einer ewigen Blockchain spricht. Dies liegt daran, dass es ab diesem Zeitpunkt unmöglich ist, die Kette zu brechen oder Blöcke zu entfernen. Dass eine Änderung oder auch

Manipulation nicht möglich ist, haben wir bereits erfahren. Zusätzlich ist es interessant zu wissen, dass bei einer Manipulation der Angreifer mehr als 50 % der gesamten Rechenleistungen auf dem ganzen Netzwerk fast parallel erbringen müsste, damit er schneller Blöcke erzeugt als alle anderen Teilnehmer und der Betrug somit eventuell "durchgeht". Doch dies ist nahezu unmöglich, weshalb die Blockchain eine sehr hohe Sicherheit gewährleistet.

Smart Contracts: Wenn Sie den Begriff noch nicht gehört haben, ist das überhaupt kein Problem. Smart Contracts meinen die Programme, welche von den gesamten Knoten der Blockchain durchgeführt werden. Diese Programme beruhen auf dem IFTTT Prinzip (if this then that, zu Deutsch: "Wenn-Dann-Prinzip"). Dadurch tun sie letztendlich genau das, was im Vertrag beziehungsweise seinen Bedingungen festgehalten wurde. Dadurch fallen weitere Instanzen (wie Anwälte, Notare und Ähnliche) weg, da die Vertragspartner immer über die Blockchain kommunizieren.

Die verschiedenen Kryptowährungen und Plattformen: Bitcoin, Ethereum und Co.

Welche Kryptowährungen gibt es?

Wie wir nun bereits wissen, entstand der Bitcoin (BTC) 2009 und ist somit die erste Kryptowährung, die es gab. Auch heute noch macht der Bitcoin den größten Part in der Welt der digitalen Währungen aus. Die momentan zweitgrößte Kryptowährung ist der Ether (ETH). Danach kommt der BNB, Binance Coin. Zudem gibt es noch den Bitcoin Cash, welcher jedoch eine andere Kryptowährung ist als der Bitcoin selbst. Es gibt mittlerweile über 5000 verschiedene Kryptowährungen weltweit. Der Markt, das Interesse und auch die Investitionen steigen stetig. Worin liegt dieses Wachstum?

Zum einen ist das steigende Interesse sicherlich den verbesserten Technologien in der Krypto Welt zu verdanken. Denn diese haben sich seit 2009, seit der ersten Währung Bitcoin, ebenfalls stetig verbessert. Andere Kryptowährungen sind aktuell zwar nicht so erfolgreich wie Bitcoin, haben jedoch teilweise große Vorteile. Litecoin (LTC) beispielsweise ist sehr viel schneller als Bitcoin. Ethereum bietet als Plattform (dazu lesen Sie nachfolgend noch mehr) mehr als nur die Kryptowährung Ether und kann den Usern somit eine größere Auswahl und mehr Möglichkeiten aufzeigen.

Die verschiedenen Kryptowährungen und Plattformen Bitcoin

Bitcoin (BTC) und sein Wandel im Laufe der Zeit. Haben Sie schon vom Bitcoin-Boom in 2017 gehört? Dieser fand im Dezember 2017 statt – zu dieser Zeit war ein einziger Bitcoin knapp 20.000 Dollar wert. (Jetzt wünscht man sich, man hätte bereits vor Jahren in Krypto investiert, richtig?) Doch ein hoher Fall folgte wenige Monate später, als der Wert des Bitcoins sich um etwa 85% verringerte und somit nur noch 3000 Dollar wert war. Hoher Fall, hoher Aufstieg! Denn der Bitcoin “erholte” sich, wurde wieder wertvoller, sodass ein einziger Bitcoin bis März 2021 etwa 50.000 Dollar wert war.

Die Verifizierung und Überprüfung der Transaktionen finden mithilfe des SHA 256 Algorithmus statt. Das ist eine kryptografische Hash Funktion, bei welcher der Input (wie am Anfang dieses Buches beschrieben) genommen und ein passender Output dazu generiert wird. Der Algorithmus funktioniert auch nur in diese Richtung. Das heißt, dass mit dem Input stets der Output “geformt” werden kann, umgekehrt jedoch nicht.

Da Bitcoin auf 21 Millionen Bitcoins beschränkt ist, kann man von einem großen Vorteil klassischen Währungen und auch anderen Kryptowährungen gegenüber sprechen. Es wird beim Bitcoin sicherlich nicht so schnell zur Inflation kommen. Dies liegt nicht zuletzt daran, dass die Menge bereits von vornherein festgelegt wurde. Zudem können Sie – wenn Sie es so wollen - zu jeder Zeit Ihr gesamtes Bitcoin Vermögen ausgeben. Durch die Blockchain und das offene Kassenbuch ist Bitcoin (wie die meisten anderen Kryptowährungen) sehr sicher und nicht manipulierbar. Dennoch können Sie als Bitcoin Besitzer und User anonym unter einem Pseudonym (das ist ein Identifikationscode, der nur für Sie bestimmt ist und von dem jeder User einen einzigartigen hat) bleiben. Somit sind Sicherheit und Privatsphäre gewährleistet. Was Sie dabei jedoch immer im Hinterkopf behalten sollten: Durch die anonyme Nutzung ist es unmöglich, seinen Identifikationscode erneut zu erhalten. Das bedeutet, dass Sie ihn niemals verlieren oder verlegen dürfen. Es gibt keine Möglichkeit, ohne diesen Code an seine Bitcoins zu gelangen. Ein großer Pluspunkt ist, dass Bitcoin weltweit zu gebrauchen und nutzen ist.

Quelle: Coindesk

Nachfolgend finden Sie eine graphische Darstellung, die den Preisindex von Bitcoin seit seinem Beginn wiedergibt.

Folgend finden Sie eine weitere graphische Darstellung, die sich auf den Bitcoin Verlauf der letzten zwölf Monate bezieht. Anhand dieser Grafik ist auch gut zu erkennen, wie schnell und stark der Kurs und der Wert von Bitcoin steigen oder eben sinken kann. Daher gilt es stets, die Zahlen im Überblick zu haben. (Wie Sie diese Zahlen nutzen, auswerten und somit das Kurspotenzial am besten deuten, finden Sie im nächsten Kapitel.)

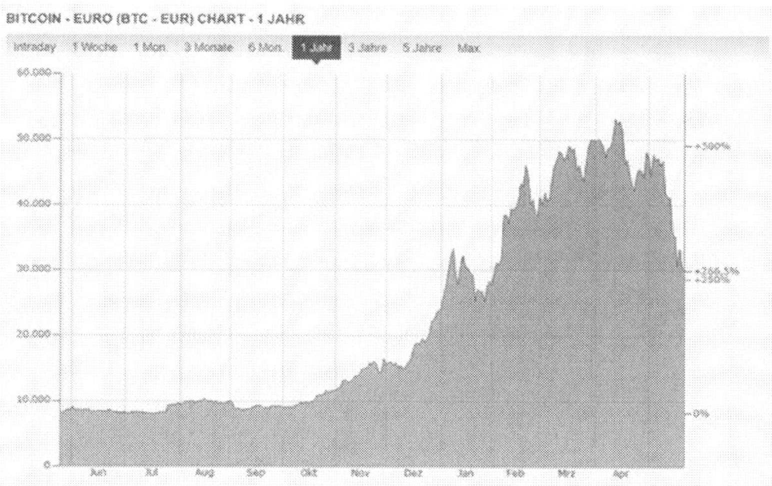

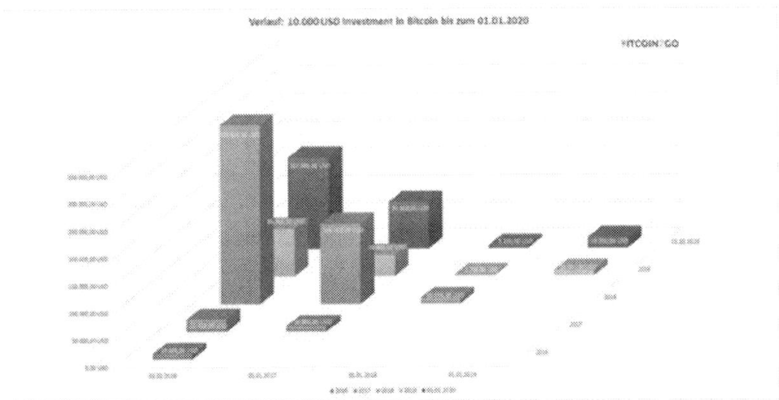

Quelle: Bitcoin-2go

Diese Grafik von Bitcoin-2go zeigt ebenfalls, wie stark eine Investition im Bitcoin Bereich von dem aktuellen Zeitpunkt abhängt. Sie müssen stets daran denken, dass der Kurs sich binnen kurzer Zeit verändern kann. Im Verlaufe der Jahre hat sich der Gewinn sowie der Verlust stetig verändert. Umso wichtiger ist es also für Jeden, der gerne investieren oder sich in den Krypto Bereich begeben will, sich stets über den aktuellen Kurs zu informieren. Zudem ist es wichtig, diesen auch richtig zu interpretieren sowie darauf aufbauend strategisch kluge Aktionen durchzuführen. Denn so stetig sich der Kurs und Wert verändert, genauso schön ist ein Gewinn im Krypto Bereich natürlich – Sie müssen nur wissen wie.

Zusammenfassung

Noch immer ist Bitcoin die bekannteste und auch wertvollste Kryptowährung auf dem aktuellen Markt. Alle Kryptowährungen sind noch recht neu sowie nicht ganz erforscht. Somit sind auch noch nicht alle Risiken bekannt. Dennoch ist Bitcoin wohl die bewährteste und erfolgversprechendste Währung unter den Kryptowährungen. Gerade beim Bitcoin können Wert und Kurs rapide steigen und auch sinken. Man sollte also, wenn man in Bitcoin investieren möchte, immer einen Blick auf den aktuellen Kurs werfen.

Die verschiedenen Kryptowährungen und Plattformen Ethereum & Ether

Was ist Ethereum? Ethereum bezeichnet keine Kryptowährung an sich, sondern meint eine Plattform für dezentrale Applikationen. (Dies heißt, die Applikation verteilt sich auf einem weiten Netzwerk; es gibt sie nicht nur auf einer Verwaltungsstelle. Sie ist also verteilt auf einem breiten Netzwerk, bestehend aus vielen Rechnern.) Diese Plattform, dieses Betriebssystem, bietet Grundfläche für verschiedene Apps. Ethereum hat seine eigene Währung Ether.

Mittlerweile entwickelt Ether eine immer größere Relevanz und Popularität, weshalb diese Währung Bitcoin Konkurrenz machen könnte. Beide Währungen basieren auf verschiedenen Systemen. Sie gehören aber beide zu den digitalen Währungen, die wir bereits kennenlernen durften.

Die Geschichte von Ethereum ist auf das Jahr 2013 zurückzuführen. Etwa ein Jahr später, im Jahr 2014, wurde die Idee des Ethers öffentlich präsentiert. Wieder ein Jahr später, nämlich in 2015, konnte das Projekt endlich umgesetzt und in den Markt eingeführt werden. Wie Sie sicherlich schon wissen, sind Vitalik Buterin und Gavin Wood die Gründer.

Nun kommen wir zur Kryptowährung Ether. Ether nennt man die Geldeinheiten, welche durch bzw in den Smart Contracts genutzt werden. Ether selbst ist eine Währung von Ethereum, jedoch ist das längst nicht das Einzige, das Ethereum "zu bieten hat". Der Ether ist nur ein Teil davon. Die Plattform selbst (also Ethereum) bietet nämlich verschiedene Optionen und "Dienste" an, die Programmierern das Leben einfacher machen und verschiedene Bereiche revolutionieren soll. Um die gesamte Plattform Ethereum zu verstehen, bietet es sich an, dass wir uns ein Beispiel dazu anschauen, welches das ganze Geschehen etwas verständlicher macht. Denn auf der Plattform kann man, wie kurz erwähnt, noch sehr viel mehr machen, als "nur" den Ether als Kryptowährung zu besitzen. So ist eine Art Crowdfunding auch über Ethereum möglich, auf sichere und quasi risikofreie Weise. Über die Plattform kann ein Kredit angefordert beziehungsweise angefragt werden. Dafür nutzt die Person, der Unternehmer, der Spenden oder Investitionen sucht, Smart Contracts direkt über die Ethereum Plattform. Der Smart Contract wird genau über die Höhe des benötigten Betrages aufgesetzt. Dann wird abgewartet. Sobald die gesamte Summe durch Investoren auf Ethereum erreicht wurde, kann der Unternehmer das Geld erhalten. Sollte es jedoch zu dem Punkt kommen, dass die Summe nicht (oder nicht vollständig) erreicht wurde, so wird der Vertrag hinfällig. Der Unternehmer hat also die Möglichkeit, ganz entspannt über Ethereum das Geld für seine Business-Idee beispielsweise zusammenzusammeln. Durch solche Prozesse und Optionen könnte die gesamte Vertragswelt revolutioniert werden. Auch bietet die Plattform Ethereum einen großen Unterhaltungswert und hat auch einiges an Entertainment zu bieten.

Durch die verschiedenen Möglichkeiten, die Ethereum bietet, könnte diese Plattform bald immer weiter wachsen und nicht nur in der Finanzwelt von großer Bedeutung werden. Ein sehr gutes Beispiel für die Effizienz von Ethereum und seinen Diensten sind die Smart Contracts. Es ist Ihnen sicherlich bereits bekannt, dass bei Geldtransfers über herkömmliche Banken eine Großzahl von Mitarbeitern erforderlich ist und viele, teils lang andauernde Prozesse damit verbunden sind. Durch die Smart Contracts auf Ethereum bietet sich eine schnellere, automatisierte und somit effizientere Alternative.

Der Unterschied zwischen (Ethereum) Ether und dem Bitcoin

Wie kurz erwähnt, ist Bitcoin eine reine Kryptowährung und Ethereum die Plattform. Ether ist die Kryptowährung "von" Ethereum. Beide der Kryptowährungen haben eine große Gemeinsamkeit, da sie durch Miner erzeugt werden. Doch gibt es viele Unterschiede zwischen Bitcoin und Ether, die wir genauer analysieren wollen. Der erste auffällige Unterschied ist, dass mit Ether sehr viel mehr Transfers zur selben Zeit durchgeführt werden können als mit dem Bitcoin. Dies liegt an der Technologie, die hinter dem Ether steckt. Dieses Kriterium wird oft herangezogen, um Ether als sinnvoller (als Bitcoin) zu benennen. Dieser "Schwachpunkt" bei Bitcoin ist vermutlich der bekannteste und größte. Es ist sogar so, dass es früher öfter zu Engpässen bei Bitcoin kam. Daher mussten viele NutzerInnen lange Zeit auf ihre Transaktionen und deren Bestätigungen warten. Ein weiterer Punkt, der Ether von Bitcoin unterscheidet, ist das Volumen der beiden Kryptowährungen. Es ist nämlich so, dass Bitcoin in seiner Menge limitiert ist, auf 21 Millionen Bitcoins. Dies wiederum heißt, es kann niemals mehr Bitcoins als die genannten 21 Millionen geben. Beim Ether hingegen ist letztendlich eine unbegrenzte Ausgabe des Geldes möglich, da der Ether in der Theorie endlos gemined werden kann.

Wenn Sie über Investitionen in der Krypto Welt nachdenken, bietet sich der Ether gewiss an. Es hat großes Potenzial. Es sollte jedoch beachtet werden, dass der Wert von Ether auch von Ethereum und dem Erfolg sowie Wachstum abhängt. Dadurch hat Ether ein großes Potenzial, jedoch gleichermaßen auch eine hohe

Volatilität. Dies meint die Standardabweichung und wird als Risikomaß für Investitionen angesehen. Bei einer hohen Volatilität haben Sie bessere Chancen für einen hohen Gewinn, aber zeitgleich steigt damit auch die Möglichkeit, dass ein hoher Kursverlust geschieht. Dieses Auf und Ab ist gerade in der Krypto Welt natürlich bekannt und normal, dennoch ist Achtung geboten. Wie Sie am besten in Kryptowährungen investieren, erfahren Sie im Verlaufe dieses Buchs.

Zusammenfassung Ethereum

Ethereum ist die Plattform für viele verschiedene Finanztransfers, aber ebenso für das Erstellen von Contracts und auch für den Entertainment Bereich. Ether selbst ist die Kryptowährung, die aktuell einen sehr guten Lauf hat und momentan großes Potenzial, den Bitcoin zu überholen. Dennoch ist Vorsicht geboten, da der Ether noch recht neu auf dem Markt ist und somit noch nicht alle Risiken bekannt sind. Ether und Ethereum ist noch recht neu auf dem Markt – gerade im Vergleich zu dem Bitcoin, der bekanntlich die erste Kryptowährung war, die es je gab. Daher empfiehlt es sich gewiss auch, sich den Verlauf von Ether und Ethereum anzuschauen. Es rät sich, den Ether weiter zu verfolgen, um sich ein klares Bild darüber zu verschaffen. Es kann sein, dass es Schwachstellen bei Ethereum gibt, von denen aktuell noch nichts bekannt ist. Die unbegrenzte Menge an Ether ist auch zu beachten: Sie kann den Wert stark beeinflussen und im schlimmsten Fall Inflation zur Folge haben. Die Abwechslung und die vielen zusätzlichen Angebote auf Ethereum sprechen wiederum für sich.

Die verschiedenen Kryptowährungen und Plattformen Bitcoin Cash (BCH)

Bitcoin Cash entstand 2017, genauer gesagt im August 2017, als Ableger von Bitcoin. Die Spaltung geschah, um den teils sehr langsamen Transfergeschwindigkeiten von Bitcoin entgegenzuwirken. Bitcoin Cash hat sich von dem ursprünglichen Bitcoin gespalten. Der Grund dafür waren die großen Transaktionsmengen mit Bitcoin. Die Spaltung der zwei Teile wurde dann durchgeführt. Da man sich jedoch nicht einig wurde, funktionieren beide Währungen heute ein wenig anders. So hat Bitcoin Cash die Lösung in größeren Blöcken gesehen. Dies bedeutet, dass große Blöcke letztendlich das Skalierungsproblem der großen Transfermengen lösen und somit zu schnelleren Transfers führen soll. Um den Vergleich deutlich zu machen: Die Blockgröße von Bitcoin beläuft sich auf 1 MB, wohingegen Bitcoin Cash direkt mit 8 MB großen Blöcken an den Start ging. Diese Größe wurde in den letzten zwei Jahren von Bitcoin Cash sogar noch weiter in die Höhe getrieben und liegt bei 32 MB! Bitcoin selbst schwört auf Segwit, eine Funktion, die es ermöglicht, Signaturen und Transaktionen zu teilen beziehungsweise sie zu trennen. Bitcoin möchte dadurch effizientere Blöcke erreichen, wodurch wiederum mehr Transfers in einen Block passen können.

Bitcoin Cash ist jedoch eine unabhängige völlig eigenständige Kryptowährung. Ihr Vorteil liegt darin, dass sie schnellere Geschwindigkeiten bei Transaktionen bieten kann, als es bei Bitcoin der Fall ist. Als negativen Aspekt sind jedoch die ausgewählten, bestimmten Mining Werkzeuge anzusehen. Sie benötigen ganz bestimmtes Equipment für das Minen im Bitcoin Cash Bereich. Ähnlich wie Bitcoin selbst nutzt auch Bitcoin Cash die Blockchain Technologie.

Zusammenfassung

Bitcoin Cash steht mittlerweile als eigenständige, effiziente Währung dar. Im Vergleich zu Bitcoin legt Bitcoin Cash den Fokus auf große Blöcke, die viele und schnelle Transaktionen ermöglichen. Der Wert des Bitcoin Cash ist aktuell jedoch viel geringer als der des Bitcoins. Die beiden Währungen haben viele, große Ähnlichkeiten, jedoch ebenso entscheidende technologische Unterschiede.

Eine grafische Darstellung des Bitcoin Cash finden Sie nachfolgend. Gerade im Vergleich mit dem Bitcoin selbst ist der Unterschied genauestens zu erkennen. Der Bitcoin Cash hat einen niedrigeren Wert, ist jedoch nicht ganz so sprunghaft, wie es Bitcoin bislang war.

Die verschiedenen Kryptowährungen und Plattformen Stellar / Lumen (XLM)

2014 entstand Stellar als Abspaltung von Ripple und versucht heute, eine Plattform und eine Währung zu bieten, die losgelöst von Banken ist und für Jedermann erreichbar. Es wird hierbei viel Wert auf ein dezentralisiertes Netzwerk gelegt. Zugleich wird auch Unbanked die Möglichkeit geboten, digitale Währungen zu nutzen. Der Begriff "Unbanked" beschreibt hier Menschen, die bislang keine Chance hatten, bargeldlos zu agieren oder zu handeln. Die Erfinder sind Jed McCaleb und Joyce Kim.

Stellar selbst ist ein Zahlungsnetzwerk, welches Transfers bearbeitet, die in verschiedenen Währungen vonstattengehen (ähnlich wie die meisten anderen). Die dazugehörige Kryptowährung ist Lumen (kurz auch XLM genannt oder als Stellar bezeichnet). Das Besondere an Lumen ist die Anti Spam Funktion. Diese wird durch die Gebühr verwirklicht, die aufkommt, wenn eine Transaktion durchgeführt wird. Es ist eine kleine Gebühr, die mehr als Spam Filter zu denken ist. Ebenfalls interessant ist die Tatsache, dass Sie bei Stellar mit mehreren verschiedenen Währungen arbeiten können.

Dies liegt daran, dass das Netzwerk mit mehreren Banken vernetzt ist. Jedoch ist diese Kryptowährung noch nicht allzu bekannt und nicht so populär wie viele andere. Wie genau funktioniert Stellar? Eigentlich ist die Plattform primär für Transaktionen und das Versenden von Zahlungsmitteln gedacht. Es ist so, dass Lumen (XLM) dabei eher der eigenen, internen Verrechnung dienen soll. Bei Stellar ist spannend, dass die Plattform vielen Prozessen eigene Namen gegeben hat. So ist es beispielsweise so, dass die Knoten im Netzwerk von Stellar nicht einfach "Knoten", sondern "Anchor" genannt werden. Diese Anchor nehmen die Zahlungen / die Währung entgegen und verwandeln beziehungsweise nutzen diese als Guthaben auf der Stellar Plattform. Das bedeutet, wenn Sie Euros in ein anderes Land versenden möchten, in dem keine Euros gültig sind, wandelt Stellar das Geld in das Lumen Pendant dazu um. Zeitgleich wird automatisch nach einer äquivalenten Anfrage, die eben passend zum Umtausch der eigentlichen Zielwährung des ersten Transfers ist.

Alle Transaktionen auf der Stellar Plattform finden ihre Verwaltung im Stellar Ledger, das ist das Rechnungsbuch. Dieses Buch fungiert im Endeffekt als die Blockchain von Stellar, welche für Sicherheit sorgt. Wie es bei Blockchain Mechanismen üblich ist, wird auch bei Stellar die Richtigkeit sowie die Vollständigkeit überprüft und verifiziert.

Zusammenfassung

Die Stellar Plattform bietet, ähnlich wie Ethereum, viele zusätzliche Optionen für Entwickler. Sie möchte Menschen, die bislang vielleicht nicht die Möglichkeit hatten, sich mit digitalen Währungen zu befassen, einen tollen Einstieg bieten. Dabei achtet auch Stellar auf höchste Sicherheit und gleichzeitig Privatsphäre.

Die verschiedenen Kryptowährungen und Plattformen Litecoin (LTC)

Mit dem Maximum von 84 Millionen Coins ist die absolute Menge an Litecoins viermal so groß wir die von Bitcoin. Im Jahr 2011 gründete Charlie Lee Litecoin, sehr nahe an Bitcoin angelegt, um eine noch schnellere und einfachere Alternative zu liefern. Die Geschwindigkeit, in der Transaktionen durchgeführt und bestätigt werden, überholt die von Bitcoin um einiges. Bei Litecoin wird nämlich ungefähr alle 2 ½ Minuten ein neuer Block der Blockchain generiert. Somit ist dieser Prozess etwa vier

Mal schneller als Bitcoins. Ein Litecoin entspricht momentan jedoch nur knapp 130 Euro. Somit ist ein negativer Punkt der niedrige Wert eines Litecoins. Dafür sind die Gebühren, die bei einem Transfer anfallen, sehr viel geringer, als die bei Bitcoin.

Ein weiterer interessanter Unterschied ist die Verifizierung der Transaktionen. Bei Bitcoin wird von dem SHA256 Algorithmus Gebrauch gemacht, um die jeweiligen Transfers zu bestätigen. Litecoin hingegen nutzt den Proof Of Work Algorithmus. Mittlerweile gehört auch Litecoin zu den bekanntesten und beliebtesten Kryptowährungen, und ist sogar in den top 5. Ob Sie in Litecoin investieren möchten, hängt ganz von Ihnen ab. Zu beachten ist jedoch auch, dass Bitcoin in mehr Ländern und bei mehr Unternehmen als offizielles Zahlungsmittel angesehen wird, was bei Litecoin (noch) nicht der Fall ist.

Zusammenfassung

Litecoin bietet mittlerweile eine angesehene und attraktive Alternative zu Bitcoin, auch wenn sich Litecoin natürlich noch nicht so stark etabliert hat wie der Vorgänger. Die geringe Transaktionsgebühr und die schnelle Bearbeitungszeit bei Transfers sprechen klar für Litecoin. Man sollte jedoch immer den aktuellen Kurs und Wert im Blick haben, gerade weil der Litecoin heutzutage noch nicht viel wert ist (sehr viel weniger als der Bitcoin).

Die verschiedenen Kryptowährungen und Plattformen EOS

Kennen Sie die Blockchain Plattform EOS.IO? Von dieser stammt die Kryptowährung EOS. Die Plattform selbst bildet, ganz simpel formuliert, die Möglichkeiten und Funktionen von dem System und der Hardware eines Computers nach. Für Entwickler hat die ESO.IO Plattform Werkzeuge und Leistungen entwickelt, mit denen dApps (das sind dezentralisierte Applikationen beziehungsweise Anwendungen) erstellt werden. Auch eigene Nutzer-Accounts und Verifizierungen sind darüber möglich. Auch hier sind die Vorgänge, die getätigt werden, auf dem gesamten Netzwerk verteilt. Das Ziel des EOS.IO Netzwerks ist, dass künftig Millionen von Transfers in nur einer Sekunde durchgeführt werden.

Die schnellen Transaktionsmöglichkeiten sind ein großer Pluspunkt von EOS. Doch auch bei dieser Währung ist, ähnlich wie es beim Ether der Fall ist, eine große Inflationsgefahr erkenntlich. Denn auch diese Währung ist nicht auf eine bestimmte Menge begrenzt.

Zusammenfassung

EOS - in Kombination mit der Plattform EOS.IO ein toller Weg für Investoren, Entwickler und alle, die Interesse an dApps haben. Dezentral, sicher und mit vielen Extras kann EOS und die Plattform selbst punkten. Man sollte sicher immer ein Auge auf aktuelle Kurse haben, um herauszufinden, ob eine Investition sich momentan lohnt.

Die verschiedenen Kryptowährungen und Plattformen NEO (NEO)

Auch bei NEO ist die Rede von einem gesamten Netzwerk, das ebenso eine Kryptowährung im Angebot hat, den gleichnamigen NEO. Es ist eine chinesische Kryptowährung, die aktuell auch überwiegend im asiatischen Bereich genutzt wird. Einige gehen jedoch davon aus, dass sich NEO weiterentwickeln, ausbreiten und etablieren könnte.

Man kann diese Plattform recht gut mit Ethereum vergleichen, da es auf diesem Netzwerk ebenfalls viele weitere Möglichkeiten gibt. Darunter werden Sie auch die Option zum Erstellen von Smart Contracts finden. Ein bekannter Unterschied ist, dass NEO sein Netzwerk und die User stark kontrolliert. Es gibt ein ausgewähltes Team, welches von jedem seiner Nutzer einen Nachweis oder eine Nachprüfbarkeit der Identität abfragt. 2016 entstand NEO aus seinem Vorgänger Antshares. Manche Menschen unterstellen NEO, dass sie Ethereum nur nachahmt. Eine große Ähnlichkeit und viele Gemeinsamkeiten sind nicht zu übersehen. Doch gibt es dies öfter im Krypto Bereich, sodass sich jeder selbst ein Bild über die verschiedenen Währungen machen sollte. Tatsächlich sind die Grundlagen denen von Ethereum sehr nahe. Es gibt die Blockchain, welche die Smart Contracts aufnimmt. Die Smart Contracts selbst haben eine große Bandbreite an inhaltlichen Schwerpunkten - sie können Geld transferieren, einen Vertrag unterzeichnen und vieles mehr. Auch hierbei gehen die Transfers durch die dApps (Distributed Apps) vonstatten. Im Vergleich zu Ethereum kann NEO einen klaren Pluspunkt für die Programmiersprache erhalten. Ethereum nutzt Solidity, das ist eine eigene

Programmiersprache, während NEO Java und C# nutzt. Diese Programmiersprachen sind herkömmlicher und werden von den meisten Menschen leichter verstanden.

Zusammenfassung

Man muss selbst entscheiden, ob man NEO mag oder nicht - die Vor- sowie Nachteile haben wir Ihnen kurz zusammengetragen. Es gibt eine einfachere Programmiersprache (insbesondere im Vergleich zu Ethereum). Jedoch ist NEO selbst aktuell nur im chinesischen, teils asiatischen Markt zu finden, sodass es im Moment noch keine große Relevanz für deutsche Miner und Krypto Investoren hat. Je nach Entwicklung der Plattform und der Währung kann NEO sicherlich eine gute Alternative bieten.

Die verschiedenen Kryptowährungen und Plattformen Ripple

Ripple (XRP) ist auch eine Plattform, ein Netzwerk, und ermöglicht die digitale Versendung von Kryptowährungen (von Ripple, XRP) in Echtzeit. Bei Ripple ist es ähnlich wie es bei Bitcoin Cash der Fall ist. Im Vergleich zu Bitcoin können die Transaktionen nämlich einfacher und schneller durchgeführt werden.

Dies liegt an der Kapazität für Transfers, die Ripple vorzuweisen hat. Diese ist bedeutsam höher als bei Bitcoin selbst. Die Transaktionen auf Ripple verlaufen nicht nur schneller, sondern ebenso günstiger, als es momentan bei Bitcoin der Fall ist. Um es in Zahlen auszudrücken: In der Theorie sind bei Ripple 50.000 Transfers pro Sekunde möglich.

Dass diese Zahlen und Fakten viele Banken ansprechen, können Sie sich sicherlich bereits denken. Wenn man sich die internationalen Zahlungen anschaut, könnte Ripple mit seiner schnellen und kostengünstigen Lösung eine tolle Alternative bieten - Zeit und Geld könnte gespart werden.

Zusammenfassung

Innovativ, aber noch am Anfang. XRP bietet eine unglaublich schnelle und günstige Möglichkeit, Geld von hier zum anderen Ende der Erde zu verschicken. Binnen einer Sekunde könnten theoretisch 50.000 Transaktionen stattfinden, was einen klaren Vorteil zu Bitcoin darstellt. Ebenso ist beachtlich, dass Ripple bekannt und beliebt bei vielen Banken ist.

Die verschiedenen Kryptowährungen und Plattformen IOTA

IOTA (MIOTA) mit dem Sitz in Deutschland - was hat es mit dieser Währung und Plattform auf sich? Das Erste, was einem auffällt, wenn man sich die Kryptowährung IOTA anschaut, ist der große Unterschied anderen Kryptowährungen gegenüber: IOTA beruht nämlich nicht auf einer Blockchain. Nach allem, was Sie in diesem Buch gelernt hat, wird Sie diese Tatsache sicherlich verwundern. Eine Kryptowährung ohne Blöcke, Ketten und Miner? Ja, die gibt es! Das IOTA Netzwerk funktioniert durch die Knoten (auch Nodes). Alle Nodes, miteinander zusammenhängend, zusammengehörend und verbunden, bilden letztendlich die Plattform. Der Prozess ist dann sehr ähnlich wie bei einer Blockchain: Wenn ein Transfer durchgeführt wird, gibt der jeweilige Knote die Informationen an die nächste (nächstgelegene, die nächste Node aus der Reihe) Node weiter. Die nächste Node nimmt diese Informationen auf und validiert diese. Ebenso wird jede Transaktion im System gespeichert.

Ist Ihnen das Internet of Things ein Begriff? Kurz wird es IoT genannt - sicherlich haben Sie davon schon einmal gelesen. Was meint es also? Kurz gesagt sind damit Maschinen gemeint, die miteinander verbunden, vernetzt sind und darauf basierend miteinander agieren. Kennen Sie das Beispiel des automatisierten Wagens, der selbstständig ein Parkticket am nahegelegenen Parkautomaten "kauft"? Natürlich läuft das Auto hierbei nicht zum Automaten und kauft ein Ticket, sondern bezahlt automatisiert, da es mit dem Automaten vernetzt ist und dieses das Geld somit vom Wagen annehmen kann.

Ein negativer Aspekt von IOTA ist die unzureichende Dezentralität, welche bei den meisten anderen Kryptowährungen einen großen Pluspunkt darstellt. Dafür gibt es bei IOTA keine Transaktionsgebühren.

Zusammenfassung

Das Auffälligste an dieser Währung ist ihre kaum vorhandene Dezentralisierung sowie das Ausbleiben einer Blockchain. Dass keine Gebühren bei einer Transaktion anfallen, ist im ersten Moment als positiv zu betrachten. IOTA selbst ist sich über ihre Nachteile bewusst, sodass aktuell an IOTA 2.0 gearbeitet wird, was jedoch lange Zeit dauern könnte. Man sollte IOTA definitiv im Auge behalten, wenn man an Krypto

Investitionen interessiert ist, und den Wandel mitbekommen. In 2017 hat Bosch übrigens mehrere Millionen in IOTAs Technologie investiert, was diese Währung sofort berühmter werden ließ.

Die verschiedenen Kryptowährungen und Plattformen im Überblick

Info	**Bitcoin**	**Ethereum**	**Ripple**	**Bitcoin Cash**	**Litecoin**	**IOTA**
Max. Gesamtmenge	21 Mio. BTC	nicht limitiert	100 Mrd. XRP	21 Mio. BCH	84 Mio. LTC	2.779.530.283 MIOTA
Coins im Umlauf	18.563.856 BTC	113.723.729 ETH	45.334.295.892 XRP	18.592.319 BCH	66.028.773 LTC	2.779.530.283 MIOTA
Marktkapitalisierung	> 293.0 Mrd. €	> 55.9 Mrd. €	22.6 Mrd. €	4.4 Mrd. €	4.5 Mrd. €	0.8 Mrd. €
Börsen	Binance, Kraken, eToro, bitcoin.de	Binance, Kraken, eToro	Binance, Kraken, Coinbase, eToro	Binance, Kraken, eToro, bitcoin.de	Binance, Kraken, eToro	Binance, Kraken, eToro

Stand: Dezember 2020, Quelle: https://www.handelsblatt.com/

Diese Darstellung zeigt die Unterschiede sowie auch Gemeinsamkeiten der verschiedenen Kryptowährungen auf. Interessant ist vor allem zu sehen, wie die

Währungen limitiert sind. So sind Bitcoins auf 21 Millionen begrenzt, Bitcoin Cash ebenfalls, Litecome auf 84 Millionen, IOTA auf etwa 2,8 Millionen und Ripple auf ganze 100 Milliarden.

Weitere Informationen, die interessant für eine Investition sind, finden Sie nachfolgend. Die Markteinführung von Bitcoin fand 2009 statt, die von Ethereum 2017, Litecoin ist seit 2015 auf dem Markt und Stellar (XLM) seit 2018. NEO ist seit 2014 auf dem Markt und EOS seit 2011.

Pro Sekunde können mit Bitcoins maximal sieben Transaktionen durchgeführt werden, mit Ether sind es ganze 60, mit Litecoin 20, EOS 56, mit Stellar 280 und mit NEO sagenhafte 1000. EOS, Stellar, NEO und Ethereum sind die Kryptowährungen, die ebenfalls ein Netzwerk, eine Plattform anbieten.

Die Transaktionsdauer ist bei den jeweiligen Währungen ebenfalls unterschiedlich. Bei Bitcoin dauert es etwa zehn Minuten, bis ein Transfer verifiziert wird, bei Ether ebenfalls. EOS punktet mit etwa 2 ½ Minuten. Litecon benötigt nur 15 Sekunden für die Verifizierung und NEO mit fünf Sekunden ist ebenfalls ein Anführer der Schnelligkeit. Doch nun kommen wir zu Stellar: unglaubliche 0,5 Sekunden benötigt es, eine Stellar Überweisung oder eine andere Transaktion zu überprüfen sowie zu validieren.

Wie deute ich Kurspotenzial im Krypto-Bereich? Passives Einkommen durch Krypto

Wie erhalte ich Bitcoins und Co? Um den ersten Schritt in Richtung "Passives Einkommen durch Krypto" zu machen, müssen Sie natürlich zunächst wissen, wie Sie am besten an Kryptowährungen kommen. Hierfür ist einer der einfachsten Wege die digitale Börse. Es gibt, egal für welche Kryptowährung Sie sich auch entscheiden mögen, nationale und auch internationale Börsen. Bei diesen können Sie genau angeben, wie viel Geld Sie für Bitcoins, Ether und Co. ausgeben möchten. Nachdem dies geschehen ist, können Sie mit Kreditkarte zahlen und erhalten genau das Pendant zu Ihrem ausgegebenen Geld in der jeweiligen Kryptowährung. Man muss jedoch vorsichtig sein, da es leider auch dubiose und unseriöse Börsen gibt. Sich vorab genauestens zu erkundigen ist daher notwendig. Es gibt bekannte Börsen aus Amerika, darunter die Coinbase, welche seriös ist und in 32 Ländern genutzt werden kann. Ganz gleich, ob Sie nach Bitcoin, Litecoin oder doch Ether suchen - bei der Coinbase können Sie all diese Währungen nutzen und damit handeln! Doch auch Europa hat einige Börsen, die sich sehen lassen können. Um die passende Börse zu finden, sollten Sie einige Stunden investieren. Denn jede Börse hat andere Vorteile, manche haben Nachteile und einige bieten nicht alle Währungen an, mit denen Sie vielleicht handeln möchten.

Nicht sofort, wenn Sie bei einer Börse waren, bei der Sie Bitcoins oder Coins einer anderen Kryptowährungen erworben haben, erhalten Sie die Coins. Natürlich sind die Coins bereits Ihre (Sie haben sie ja gekauft!), aber die Bitcoins sind in diesem Moment noch in der Wallet (das meint das Konto eines Coins-Users) der Börse. Ich würde Ihnen dazu raten, diese Coins, mithilfe des einzigartigen Codes, den Sie dafür erhalten, in Ihre eigene Wallet zu schieben. Somit haben Sie Ihre Coins beisammen und können damit tun, was Sie möchten. Auch hierbei noch einmal die Warnung: Bitte verlieren Sie Ihren Code nicht! Wenn dies geschieht, verlieren Sie zugleich Ihr (Bitcoin) Vermögen. Es gibt heutzutage sogar Versicherungen, die

Sie abschließen können, um Ihr Geld in Kryptowährung zu schützen. Wenn Sie an dem Punkt sind, an dem Sie Ihr Krypto Geld gerne auszahlen lassen möchten, können Sie dies ganz stressfrei, ebenfalls über Börsen, tun. Mittlerweile gibt es viele Anbieter, bei denen Sie binnen weniger Minuten Ihre Bitcoins auf PayPal, via Banktransfer oder als Amazon Gutschein auszahlen lassen können.

Investitionen in Kryptowährungen – was gilt es zu beachten? Lernen Sie alle relevanten Punkte und Kriterien, die es Ihnen leichter machen, in die Krypto Welt einzutauchen und den Weg zur finanziellen Freiheit zu genießen. Die Investitions- und Krypto Welt ist vielfältig und überwältigend. Doch mit den Informationen, die Sie in den letzten Kapiteln gelesen haben, sind Sie bereits auf dem besten Weg! Jede Investition kann Risiken mit sich tragen, weshalb Sie stets vorsichtig agieren. Sie sollten nur investieren, wenn Sie genügend Geld parat haben. Die Kryptowährungen gehen durch die Decke wie noch nie zuvor. Lesen Sie nachfolgend, wie Sie ein passives Einkommen mit Krypto erlangen können.

Das Kurspotenzial richtig deuten

Um das Kurspotenzial zu deuten, muss eine Analyse durchgeführt werden. Dabei nutzt man alle verfügbaren Daten und Informationen, die man zu einer Kryptowährung hat. Dabei kann es helfen, sich die Anzahl der User, Coins, die aktuellen Schlagzeilen und vieles mehr anzuschauen. Ich möchte Ihnen gerne eine Art Leitfaden mit auf den Weg geben, durch welchen Sie einen besseren Überblick haben, wie Kurspotenzial im Krypto Bereich gedeutet und darauf basierend agiert werden kann.

Es bedarf keiner jahrelangen Erfahrung, um zu traden, um sich im Krypto Bereich Gewinn erfolgend auszutoben. Dennoch gibt es viele einzelne Punkte, auf die geachtet werden kann, um sich ein besseres Bild vom Geschehen zu machen. Es gibt verschiedene Strategien, mit denen ein Gewinn näher denn je ist. Sie können eine technische und fundamentale Analyse der Kryptowährungen machen. Es liegt dabei bei Ihnen, welche der Methoden Sie bevorzugen. Beide haben ihre Vorteile und sind komplett unterschiedlich.

Technische Analyse

Für den technischen Bereich können viele verschiedene Werkzeuge genutzt werden, die sonst im herkömmlichen Trading mit Aktien zum Beispiel auch als Tools gebraucht werden. Ich kann Ihnen unter anderen RSI oder MACD empfehlen. Bei vielen Tradern im Krypto Bereich sind diese Tools ein wahrer Helfer, denn sie haben zum Ziel, das Marktverhalten vorherzusagen. Dann gibt es noch die Fundamentalanalyse, die grundlegende Analyse. Hierfür gibt es leider keine wirklichen hilfreichen Tools, die alles berechnen oder hervorsagen. In diesem Fall muss zunächst begriffen werden, woher die jeweilige Kryptowährung ihren Wert hat.

Fundamentalanalyse

Bei der Fundamentalanalyse wird versucht, den sogenannten "inneren Wert" einer Währung oder eines Unternehmens herauszufinden. Dadurch soll gezeigt werden, ob die jeweilige Währung oder die Firma gegebenenfalls überbewertet ist, das Gleiche gilt für unterbewertete Unternehmen. Dies geschieht durch die Überprüfung mehrerer Punkte, die sowohl intern als auch extern sind. Wenn herausgefunden wurde, ob der Vermögenswert überbewertet (oder vielleicht unterbewertet) ist, ist die Analyse einen Schritt weiter. Sie können diese Informationen nun sinnvoll nutzen, um Ihre Investments gut anzulegen. Entweder wird darauf basierend schnell investiert oder Sie steigen aus, da Sie gemerkt haben, dass es nicht erfolgversprechend ist.

Oftmals werden sich die Geschäftskennzahlen angeschaut, um zu ermitteln, was der richtige, wahre Wert ist und somit zu wissen, wie / wie viel / ob investiert werden sollte.

Einfacher gesagt heißt dies, dass Sie sich die Bilanzen, Jahresabschlüsse, den Gewinn sowie Cashflow anschauen können, um sich einen besseren Überblick über das jeweilige Unternehmen bzw die Währung zu verschaffen. Somit erlangen Sie (gerade wenn Sie dies einige Male tun) ein gutes Gefühl für die Sicherheit des Unternehmens. Sie können besser einordnen, ob es sinnvoll ist, zu investieren. Ein weiterer relevanter und hilfreicher Punkt ist das Betrachten der Branche an sich. Dies bedeutet, dass Sie sich im nächsten Schritt nicht nur das jeweilige Unternehmen anschauen, sondern sich ebenfalls über den Markt informieren, auf welchem Sie das Unternehmen finden. Schauen Sie sich hierbei am besten zuerst die Konkurrenz an. Welche Konkurrenten gibt es? Haben diese aktuell einen höheren Wert? Ebenso interessant sind die demografischen Ziele des Unternehmens - welche Ziele verfolgt es? Will es expandieren? Wie hoch ist der Gewinn pro Aktie, also wie viel macht das Unternehmen an einer Aktie, die sich gerade im Umlauf befindet? Wenn Sie sich all diese Punkte angeschaut haben und weitere Indikatoren benötigen, könnte auch ein Blick auf die Zinssätze geworfen werden; Sie Könnten sich das Inflationsrisiko anschauen. All diese Faktoren können Sie sich bei dem Unternehmen anschauen, in das Sie investieren möchten, aber ebenso bei den anderen Unternehmen auf dem Markt. Somit können Sie Vergleiche durchführen und sich Ihre Meinung zu dem Unternehmen bilden.

Um es noch einmal kurz zu fassen: Sie starten also am besten direkt bei und mit dem Unternehmen (der Währung), in das Sie gerne investieren möchten. Damit starten Sie, um sich dann immer weiter nach außen beziehungsweise nach oben zu begeben und das Unternehmen im Gesamtkontext, in der Wirtschaft, zu sehen. Dies wird auch der Bottom Up Ansatz genannt.

Wenn Ihnen diese Art nicht zusagt, keine Sorge! Sie können das ganze Spiel auch umdrehen und den Top Down Ansatz nutzen, bei welchem es darum geht, zunächst das große Ganze zu betrachten (also das Unternehmen im wirtschaftlichen Kontext zu sehen).

Was bringt Ihnen diese Analyse? Ganz gleich, ob Sie nun direkt beim Unternehmen starten und weiter nach oben gehen oder ob Sie doch lieber mit dem großen Ganzen starten, um dann ins Unternehmen hineinzuzoomen – es geht darum, einen erwarteten Aktienkurs zu ermitteln. Diesen Wert, den Sie generiert haben, nehmen Sie nun und vergleichen ihn mit dem aktuell herrschenden Kurs. Dieser Schritt ist da, um eben zu sehen, ob das Unternehmen über- oder unterbewertet ist. Haben Sie einen erwarteten Kurs, der höher ist als der aktuelle Marktkurs des Unternehmens? Dann können Sie davon ausgehen, dass dieses Unternehmen unterbewertet ist. Wenn Sie jedoch ein Ergebnis haben, dass über dem aktuellen Wert liegt, ist es umgekehrt. So können Sie annehmen, dass dieses Unternehmen momentan überbewertet ist. Mit diesem Wissen können Sie selbst nun herausfinden, ob Sie denn nun investieren möchten / sollten oder lieber nicht.

Welche Analyse ist also "besser"? Dies kann pauschal nicht beantwortet werden. Es ist so, dass die meisten fundamentalen Analysten daran glauben, dass der wahre Wert eines Unternehmens, einer Aktie oder Währung nicht zwangsläufig den Aktienkurs als Indikator hat. Bei der technischen Analyse setzt man darauf, dass vergangene Preise und Werte auch zukünftige Preise / Preiswandel grob bestimmen beziehungsweise sich davon ableiten lassen. Daher wird hierbei meist nicht allzu stark auf die externen Faktoren geachtet, sondern eher auf die Preismuster, Trends, etc auf dem Markt. Man kann also sagen, dass beide Strategien in verschiedene Richtungen gehen, unterschiedlichen Faktoren und Indikatoren betrachten. Daher sollten Sie für sich selbst entscheiden, welche der Strategien Sie bevorzugen.

Nun möchte ich Ihnen die verschiedenen Faktoren einer fundamentalen Analyse genauer erklären. Wenn Sie sich für die technische Analyse entscheiden, empfehle ich eines der oben genannten Tools, um zu einem Ergebnis zu kommen.

Wir haben über verschiedene Faktoren und Indikatoren gesprochen. Dabei sind die Einnahmen pro Aktie beziehungsweise der Gewinn pro Aktie sehr entscheidend. Sie können anhand dieses Wertes einen Wert für die Rentabilität des Unternehmens herausfinden. Mit diesem Gewinn pro Aktie Wert wissen Sie, wie viel Gewinn das Unternehmen für eine gerade im Umlauf seiende Aktie oder eben einen Coin beispielsweise erhält. Dafür gibt es eine recht simple Rechnung bzw Formel, mit der Sie arbeiten können. Sie sieht wie folgt aus:

(Nettogewinn Vorzugsdividenden) / Anzahl der Aktien

Dividenden meinen im Grunde den Teil des Gewinnes, den ein Unternehmen an einen Teilhaber, Aktionäre oder Ähnliche weitergeben muss. Wenn nun beispielsweise ein Unternehmen keine Dividenden hat, sein Gewinn 2 Millionen Dollar sind und aktuell 500.000 Aktien im Umlauf sind, so belaufen sich die Einnahmen pro Aktien auf 40.

(2.000.000. – 0 (weil keine Aktionäre vorhanden sind)) / 500.000 = 40

Diese Formel zeigt Ihnen grob, wie hoch letztendlich der wirkliche Gewinn des Unternehmens pro Aktie oder

Coin ist. Grob können Sie sich an Folgendes halten: Wenn ein Unternehmen einen höheren Gewinn hat, ist dieses meist beliebter und interessanter für Investoren. Auch, wenn Sie merken, dass ein Unternehmen im Vergleich zu Ihrer letzten "Gewinn pro Aktie-Überprüfung" aktuell mehr Gewinn macht, spricht dies für das Unternehmen und eine Investition. Die Formel und dieser Prozess allein reichen natürlich nicht aus, um genau zu wissen, ob man investieren sollte oder nicht. Dennoch bietet genau dieser Prozess einen guten ersten Schritt. Sie können ihn mit anderen, gleich folgenden Prozessen verbinden, um sich ein wirklich gutes Bild über die Gesamtsituation zu verschaffen.

Um sich ein Bild über den wahren Wert des Unternehmens bilden zu können, empfiehlt sich auch ein Blick auf das Preis zu Gewinn Verhältnis, welches übrigens auch P/E genannt wird. Nun haben Sie gelernt, wie man die Einnahmen pro Aktie ausrechnen kann. Nun können Sie dieses neue Wissen anwenden, damit wir zum nächsten Schritt kommen können. Sie können nämlich den Aktienkurs mit dem Wert, den Sie für die Einnahmen (den Gewinn) pro Aktie herausgefunden haben, vergleichen.

Dafür nutzen Sie am besten folgende Formel:

Aktienpreis / Gewinn pro Aktie

Wir hatten aus dem vorherigen Beispiel den Wert von 40 Dollar gezogen und können nun der Einfachheit halber diesen Wert weiter nutzen. Also haben wir 40 Dollar als Gewinn pro Aktie. Wir setzen nun für das Beispiel voraus, dass eine Aktie 80 Dollar kostet bzw für diesen Wert gehandelt wird. Daraus ergibt sich folgende Formel:

$$80 / 40 = 2$$

Was Sie nun mit dem herausgefundenen Wert von 2 machen, ist Folgendes:

Sie können diesen nun nutzen, um sich genauer anzuschauen, ob die Aktie überbewertet oder vielleicht auch unterbewertet ist. Sie können diese Zahl auch mit den P/E Wert bzw der Zahl von anderen, sich auf dem Markt befindenden, Unternehmen vergleichen. Insbesondere natürlich mit bekannten Konkurrenten. Auch bei diesem Wert ist es wieder so, dass er alleine nicht unbedingt ausreicht, um sich eine genaue Meinung zu bilden. Nutzen Sie eine Kombination aus den Ideen und Formeln, die ich Ihnen mitgebe.

Nun geht es einen Schritt weiter, zum sogenannten Preis/Gewinn zum Wachstum Verhältnis. Dieses wird kurz auch PEG genannt und bringt ebenfalls eine Formel mit, mit der Sie das Verhältnis berechnen können.

Schauen Sie dafür die nächste Zeile an:

Preis zu Gewinn Verhältnis / Gewinnwachstumsrate

Wir hatten bei unserem Beispiel die 2 als Wert herausbekommen. Diese nutzen wir nun wieder für die weitere Berechnung. Diese Formel baut nämlich auf der letzten auf und dient als Weiterführung.

Wir haben also die 2 als Preis zu Gewinn Verhältnis. Für die Gewinnwachstumsrate wird ein Wert genommen, der eine grobe Schätzung darstellt. Sie können sich dafür das prognostizierte Gewinnwachstum anschauen. Dies wird als Prozentsatz genommen. Wenn Sie also ein Unternehmen eine Zeit lang beobachten und sehen, dass beispielsweise vorhergesagt wird, dass dieses Unternehmen etwa 15% wachsen soll in den kommenden Jahren, können Sie diesen Wert für die Rechnung nehmen.

Daraus ergibt sich nun die Formel:

$$2 / 15 = 0{,}13$$

Also was ist nun mit diesem Wert gemeint? Was können Sie mit diesem Wert berechnen? Die Antwort darauf ist wieder recht simpel und liegt, nach den Dingen, die wir nun schon gelernt haben, fast auf der Hand: Das Unternehmen scheint unterbewertet zu sein, was wiederum bedeutet, dass eine Investition klug sein könnte. Woran mache ich das fest? Grob können Sie sich merken, dass bei jedem Wert unter 1, der bei dieser Rechnung herauskommt, eine Investition sich anbieten könnte. Denn ein Wert unter 1 meint nichts anderes, als dass das Unternehmen vermutlich unterbewertet ist und somit eine gute Chance besteht, wenn Sie investieren.

Haben Sie schon einmal von dem Buchwert gehört? Bei der nächsten Rechnung geht es um das Verhältnis zwischen dem Aktienpreis und dem Buchwert pro Aktie. Es wird auch P/B genannt und zeigt den Unterschied zwischen dem eigentlichen Wert pro Aktie und dem, was

Investoren darüber sagen (= Unterschied zwischen Wert pro Aktie und der Bewertung der Investoren). Sie können diese Informationen in den Finanzberichten des jeweiligen Unternehmens herausfinden. Daraus ergibt sich nun die nächste Formel, folgende:

Preis pro Aktie / Buchwert pro Aktie

Wieder möchte ich mich an unser vorheriges Beispiel halten, damit Sie sehen, wie man Schritt für Schritt weitere Informationen herausfinden kann. Wir nehmen für das nächste Beispiel nun einen Buchwert von insgesamt 700.000 Dollar. Diesen Wert müssen wir jetzt auf eine Aktie herunterrechnen, was bedeutet, dass wir hier die 700.000 Dollar durch die Anzahl der umlaufenden Aktien teilen. Das sind in unserem Fall 500.000 Aktien. Somit rechnen wir also 700.000 Dollar durch die 500.000 Aktien. Wir kommen bei dieser Rechnung auf 1.4 Dollar. Dies ist nun unser Buchwert pro Aktie. Was nun passieren soll, können Sie sich sicherlich denken. Wir führen die oben genannte Formel nun durch und kommen zu folgendem Ergebnis:

$$80 / 1.4 = 57.14$$

Ich habe dieses Beispiel extra ins Extreme gezogen, damit Sie genau verstehen, wie es funktioniert. So ist es nämlich so, dass dieser Wert aussagt, dass das Unternehmen 57 Mal höher gehandelt wird, als es eigentlich wirklich wert ist. Sie können bei dieser Rechnung immer davon ausgehen, dass eine Zahl unter 1 wieder bedeutet, dass das Unternehmen unterbewertet ist. Das sagt für Sie konkret aus, dass eine Investition klug sein und sich auszahlen könnte. Bei allem Zahlen über 1 zeigt dieser Wert, wie stark ein Unternehmen überbewertet wird. In unserem Beispiel würde ich stark davon abraten, zu investieren, da das Unternehmen enorm überbewertet ist.

Metriken nutzen

Wie bereits erwähnt, zeigen diese Formeln nur grobe, schätzende Werte an. Sie können sich nicht ausschließlich auf eine dieser Berechnungen verlassen. Denn oftmals müssen viele verschiedene Faktoren berücksichtigt werden, um ein wirklich aussagekräftiges Ergebnis zu erhalten. Dennoch bieten sich die oben durchgeführten Formeln sehr gut an, um eine grobe Richtung des Wertes zu ermitteln. Gerade im Krypto

Bereich ist es natürlich manchmal schwierig, genaue Werte herauszubekommen, weil Sie nicht immer Einsicht in alle Zahlen bekommen.

Daher ist es relevant, sich auch andere Faktoren und Rahmenbedingungen anzuschauen. Es gilt nun also verschiedene Metriken herauszufinden, die viel über das Unternehmen aussagen. Es müssen Faktoren sein, die nicht manipulierbar sind. Das bedeutet, es müssen Zahlen sein, die vom Unternehmen nicht verschönt werden können. Ein gutes Beispiel dafür liefert die Blockchain selbst. Die können Sie sich anschauen, um zu sehen, ob diese stark gewachsen ist. Ebenso können die aktiven User bzw Adressen zu dem Unternehmen ermittelt werden, um auch hier herauszufinden, ob die Aktivität zugenommen hat. Genaueres dazu folgt nun im nächsten Abschnitt, in dem ich Ihnen die möglichen Metriken für diese Analyse mitgeben und weiteres erklären möchte.

Es gibt drei Abteilungen, in die man die Metriken der fundamentalen Analyse für Kryptowährungen einteilen kann. Das sind zum einen die On-Chain-Metriken, die Projekt-Metriken sowie auch die sogenannten Finanz-Metriken. Beginnen möchte ich mit den On-Chain-

Metriken, welche anhand der oben genannten Blockchain und ihren Daten beobachtet werden kann. Wenn Sie Zeit haben und keine Scheu, etwas Geld zu investieren, dann können Sie diese Metriken sogar selbst und "händisch" anschauen. Dabei könnten Sie selbst einen Knoten (einen Node) betreiben und sich dann die Daten davon herausziehen. Doch dies kann recht viel Zeit und vielleicht auch unnötig viel Geld kosten. Keine Sorge, es gibt eine Alternative dazu, die Ihnen sicherlich besser gefallen wird! Sie können die benötigten Informationen nämlich auch von Websites holen, die oftmals solche Analysen betreiben und diese Informationen dann auch teilen. Es gibt ebenso bestimmt APIs, die Sie nutzen können. Damit erhalten Sie die Informationen zu dem Netzwerk, in das Sie investieren möchten. So gibt es eine Vielzahl von Websites und Anbietern, die genau für Investoren alle wichtigen Informationen und Daten offenlegen. Sie müssen sich hierfür nur ein wenig im Internet umsehen und eben nach Ihrem gewünschten Netzwerk suchen.

Chain On Metriken

Ebenfalls zu den Chain-On-Metriken gehörend ist die Anzahl der Transaktionen. Anhand dieser Zahl können Sie recht gut verstehen, wie viel Aktivität letztendlich auf dem Netzwerk stattfindet. Sie können hierfür einen bestimmten Zeitraum festlegen, in dem Sie sich die Anzahl der Transfers anschauen. Es gibt auch die Option, dass Sie gleitende Durchschnitte nutzen. Diese zeigen ein grobes Bild und geben vor, wohin sich ein Netzwerk bzw der Markt wandeln könnte. Dazu können Sie sich die verschiedenen gleitenden Durchschnitte online anschauen. Auch hier sollte man natürlich wieder achtsam sein. Denn auch diese Zahl könnte manipuliert werden, indem ein Unternehmen selbstständig Transfers hin- und her schickt, nur um eben die Anzahl der Transaktionen zu erhöhen. Sie können sich auch die aktiven Adressen anschauen. Wie oben kurz erwähnt, geht es hierbei um die Blockchain Adresse, welche eben aktiv sind. Auch hier können Sie einen Zeitraum festlegen, der einen ungefähren Wert wiedergeben kann. Sie haben beispielsweise den Zeitraum von zwei Wochen festgelegt und schauen nun in diesem Zeitraum nach jedem Absender sowie Empfänger und zählen diese zusammen. Es empfiehlt sich hierbei auch, langfristig zu schauen, sodass Sie die verschiedenen Werte vergleichen und somit einen Hype oder Absturz festmachen können. Wenn Sie wissen, wie viele Transaktionen in einem Zeitraum stattfanden, können Sie nun auch den Gesamtwert dieser Transfers berechnen. Wenn Sie also innerhalb der oben bestimmten zwei Wochen 500 Transaktionen feststellen konnten und jede davon 100 Dollar als Wert hatte, so lag der Transaktionswert bei diesem Unternehmen in den letzten zwei Wochen bei 50.000 Dollar.

Analysieren Sie die Hash Rate! Es gibt verschiedene Blockchains mit ebenso verschiedenen Mechanismen. Es bietet sich an, sich ein wenig in diesem Bereich umzusehen. An der Hash Rate kann man einiges "herauslesen", was wiederum interessant für Investitionen ist. Wenn die Hash Rate hoch ist, ist die Wahrscheinlichkeit einer Manipulation, eines Betruges, gering. Sie können sich grob an Folgendes halten: Niedrige Hash Rate = hohe Sicherheit. Wenn sich die Hash Rate nun erhöht bzw Sie ein Wachstum im Vergleich zu Ihrer letzten Überprüfung feststellen können, kann dies dafür sprechen, dass das Interesse am

Minen in diesem Netzwerk gestiegen ist. Woran liegt das überhaupt? Gute Frage! Man kann von einer höheren Mining Bezahlung oder auch günstigeren Mining Kosten ausgehen. Wenn Sie einmal merken sollten, dass die Hash Rate heruntergegangen ist, liegt das vielleicht an einer zu niedrigen Bezahlung der Miner. Somit scheint das Netzwerk nicht mehr rentabel zu sein.

Projekt Metriken

Nun möchte ich Sie in die Projekt Metriken einweisen. Diese haben unter anderen das Whitepaper im Blick, mit welchem wir auch direkt beginnen sollten. Es ist wohl klar, dass Sie sich unbedingt das Whitepaper des Netzwerks bzw Projektes anschauen, in das Sie investieren möchten. Ohne dies getan zu haben, empfehle ich keine Investition. In diesem technischen Dokument finden Sie wertvolle und wichtige Information zu der jeweiligen Kryptowährung. Was finden Sie in diesem Whitepaper genau? Im best case finden sich dort die Ziele der Plattform genauestens und detailliert wieder. Sie müssten beispielsweise herausfinden können, welche Technologie und Mechanismen von dem Netzwerk genutzt werden. Eine

Roadmap, die wiedergibt, welche Upgrades oder neuen Features es gibt, sollte ebenfalls dort aufgelistet sein, ebenso wie die Schemen für Lieferung und Verteilung der Coins. Diese wichtigen Informationen holen sich auch andere Personen, die investieren möchten. Daher können Sie sich auch in diversen Foren umschauen, um die Meinungen anderer mit Ihrer zu vergleichen. Was ist eines der wichtigsten Kriterien für einen Erfolg? Ganz genau, die Menschen, die dahinter stehen. Das bedeutet, dass Sie sich auch das jeweilige Netzwerk Team anschauen sollten. Es gibt grundlegende Fragen, die Sie sich dabei stellen können: Wie groß ist das Team? Sind die Mitglieder kompetent, haben sie bereits Erfahrungen in diesem Bereich? Gibt es eventuell bekannte Risiken oder auch Dubiositäten oder Betrüge, in die das Team (oder auch nur ein Mitglied) involviert war? Gerade im Bereich Krypto gibt es viele "Anbieter", die unseriös sind. Aus diesem Grund ist die Überprüfung des Teams sehr wichtig. Sollte es kein offizielles Team geben, können Sie nach den Mitwirkenden schauen, um mehr Informationen zu erlangen. Auch die Aktualität und Aktivität des Teams oder der Mitwirkenden sind interessant. Kümmert sich aktuell überhaupt noch jemand um das Netzwerk?

Die Konkurrenz schläft nie! – und das sollten Sie auch nicht. Schauen Sie sich in jedem Fall die Wettbewerber an. Schauen Sie nach ähnlichen, konkurrierenden Projekten und Währungen und auch deren Zahlen. Sie können diese nun miteinander vergleichen, indem Sie die Formeln, die Sie kennengelernt haben. Wie genau das funktioniert, wissen Sie nun ja.

Nun kommen wir zu Token. Sie wissen, dass einige Netzwerke Token erstellen und nutzen. Wichtig ist eigentlich nur, ob die Token nützlich verwendet wurden (gibt es einen wirklichen Grund dieser Token?) und wenn ja, ob andere (=der Markt, die User) diesen Nutzen auch erkennen und als sinnvoll oder sehr nützlich einschätzen. Auch die Verteilung der Coins gerade am Anfang eines Netzwerkes kann einiges aussagen. Schauen Sie dafür ins Whitepaper. Dort müsste stets hinterlegt sein, wie viel letztendlich behalten wurde für den Eigentümer (das Team) und auch wie viel für die Investoren bereitgestellt wurde. Ein Blick in die Mining Historie empfiehlt sich auch. Wenn Sie nun sehen, dass große Teile der Coins nur auf wenige Parteien aufgeteilt ist bzw das Netzwerk sie überwiegend an sich selbst (das Team, etc aufteilt), kann man von einer risikohaften

Investition ausgehen. Es sieht in diesem Fall nämlich nach Betrugsversuchen der Plattform aus, um eben die Zahlen nach oben zu kurbeln.

Finanzielle Metriken

Finanzielle Metriken! Lassen Sie uns mit dem Wert des Netzwerks beginnen. Diesen Wert können Sie ermitteln, wenn Sie sich das zirkulierende Angebot des Netzwerkes (Informationen dazu finden Sie auch online, wenn Sie nach Ihrem ausgewählten Netzwerk suchen) mit dem momentanen Preis multiplizieren. Damit erhalten Sie die theoretischen Kosten, die aufkommen, wenn grundlegend jeder einzelne Coin von diesem Netzwerk gekauft wird. Wenn es jetzt nutzlose Token gibt (so wie vorhin besprochen), wäre diese Rechnung nicht akkurat, da wohl kaum jemand (geschweige denn der Großteil des Markts) diese nutzlosen Token unbedingt erwerben möchte. Es ist zudem so, dass die Zahl nicht immer genau ist, allein schon, weil nicht alle Coins, die gekauft wurden, auch genutzt werden bzw noch immer da sind. So könnte jemand mit vielen Coins des Netzwerks seinen Key verloren haben oder Ähnliches. Wir erhalten also mit unserer Berechnung eher einen Näherungswert, mit dem ersichtlich wird, wie viele Coins nicht mehr im Umlauf / in Benutzung sind. Das tun wir, um herauszufinden, wie die aktuelle Aktivität ist. Man kann diese Rechnung für die Ermittlung des Wachstumspotenzials (des jeweiligen Netzwerks) nutzen.

Auch gilt es selbstverständlich, die Liquidität eines Netzwerks, einer Kryptowährung, zu ermitteln. Sie zeigt letztendlich, wie einfach ein Coin bzw eine Einheit gekauft und auch verkauft wird. Wenn Sie es mit einem Coin zu tun haben, der liquide ist, können Sie davon ausgehen, dass Sie diese Einheit auch sehr leicht verkaufen könnten. Wenn nun jedoch der Markt sehr liquide ist, heißt das, dass er eine Vielzahl von Geboten sowie Angeboten aufweist. Dies wiederum bedeutet für Sie, dass Sie vermutlich nicht viel für Ihre Einheit verlangen können, da der Markt eben nur so überfüllt davon ist. Was Sie nun tun müssen? Es gibt zwei Optionen, zwischen denen Sie letztendlich entscheiden können. Wenn Sie Ihre Coins unbedingt schnell loswerden wollen, müssen Sie den Preis wohl oder übel senken, damit potenzielle Käufer Ihr Angebot interessanter finden als die teureren Alternativen.

Sollten Sie Zeit haben und eher auf den Gewinn aus sein, so eignet es sich in diesem Fall, einfach abzuwarten. Sobald der Markt nicht mehr so überfüllt ist oder die Liquidität Ihrer Einheit steigt, können Sie zu einem guten Preis verkaufen. Das jeweilige Handelsvolumen hilft dabei, die Liquidität zu ermitteln. Dieses Volumen gibt wieder, wie viel Wert gehandelt (verkauft, gekauft) wurde. Und das wieder innerhalb des von Ihnen vorab festgelegten Zeitraums. Es gibt auch hierfür viele Quellen, die das tägliche Handelsvolumen präsentieren.

Wenn Sie investieren wollen, sollten Sie auch die Versorgungsmechanismen nicht außer Acht lassen! Diese Mechanismen eines Coins können sehr hilfreich für die Entscheidung sein. Es gibt Modelle, die genau dafür gedacht sind. Das Stock-to-Flow-Modell gibt den Bestand der Kryptowährung zum Beispiel an. Dafür wird die Menge der sich aktuell in Reserven befindenden Coins genommen und durch die jährlich neu produzierte Menge geteilt. Wenn Sie beispielsweise verfolgt haben, dass mittlerweile jährlich weniger Coins Ihrer Währung produziert werden, als es früher der Fall war, kann dies ein Zeichen für eine Investition sein. Viele gehen nämlich davon aus, dass somit auch die Nachfrage an die Coins wachsen wird. Jedoch ist es auch so, dass es schlecht sein kann, wenn eine Währung durchgehend oder für längere Zeit sehr limitiert ist. Das Interesse der User könnte verloren gehen, da eben nicht genügend Coins vorhanden sind, oder aber es könnte auch viele User geben, die ihre Coins einfach bei sich behalten (da es sonst kaum welche gibt).

Herzlichen Glückwunsch, Sie haben nun schon die wichtigen Parts für eine Investition in eine Kryptowährung geschafft! Was sich für Sie daraus ergibt: Ich kann Ihnen empfehlen, möglichst viele (wenn nicht alle) der oben genannten Analysen und Metriken durchzuführen, da Sie somit eine große Übersicht vieler verschiedener Faktoren haben. Wie bereits erwähnt, ist keine der obigen Metriken oder Analysen perfekt, weshalb eine gute Kombination der Schlüssel zum Erfolg sein kann. Langes Testen, Beobachten und Analysieren steht somit auf dem Plan.

Die jeweiligen Zahlen, die Sie bei den einzelnen Analysen herausbekommen, sagen in der Regel kaum etwas über die Rentabilität einer Investition aus. Vielmehr sollten Sie die verschiedenen Zahlen und Werte miteinander vergleichen, um eben ein aussagekräftiges Ergebnis zu erlangen. Schauen Sie beispielsweise, wie der ausgerechnete Wert des Netzwerkes mit den aktiven Adressen oder der Transferanzahl zusammenhängt. Wenn Sie sich Unternehmen 1 und Unternehmen 2 anschauen, bei beiden jede der Analysen und Metriken anwenden, können Sie diese zum einen vergleichen und dann den weiteren Schritt gehen. Das passiert, indem Sie (wie im letzten Satz beschrieben) die Werte eines einzelnen Unternehmens vergleichen und diese dann wiederum mit den verglichenen Werten des anderen Unternehmens überprüfen. Das Verhältnis, was Sie dabei erhalten, kann Ihnen grob sagen, welches Unternehmen "besser" bzw gefragter wird.

Der Wert des Unternehmens sagt allein zum Beispiel nicht so viel aus, wie der Zusammenhang zwischen Unternehmenswert und Transaktionsanzahl. Wenn Sie sich die nachfolgende Tabelle anschauen, die ich zusammengestellt habe, können wir das Beispiel genauer durchgehen.

Wir haben bei Unternehmen 1 einen Unternehmenswert von 2.000.000 Dollar und eine Transferanzahl von 10.000.000 Dollar. Somit rechnen wir also 2.000.000 / 10.000.000 und kommen auf den Wert 0.2. Nun zu Unternehmen 2. Hier sind es 300.000.000 Dollar Wert und 50.000.000 Transfers, was uns zu dem Ergebnis 6 bringt. Nur diese Zahlen angesehen, werden Sie merken, dass das Unternehmen 1 bzw seine Währung wertvoller ist, da wieder der Wert kleiner ist und sogar unter 1 liegt. Natürlich reicht allein dieser Wert auch nicht aus, Sie müssen sich zu den verschiedenen Währungen genauestens informieren. Zudem sollten Sie stets am Ball bleiben und immer nachverfolgen, wie sich aktuelle Kurse und Werte verändern.

In den letzten 12 Monaten	Unternehmen 1	Unternehmen 2
Wert des Unternehmens	2.000.000 Dollar	300.000.000 Dollar
Durschnittswert der Transfers	400 Dollar	200 Dollar
Transferanzahl	10.000.000	50.000.000
Aktive User im	4000	2000

Zusammenfassung

Die fundamentale Analyse hat viele verschiedene Bereiche und Faktoren, die sie beachtet. Wer sich ins Abenteuer stürzt und bereit ist, viel Zeit zu investieren und sich stetig weiter zu informieren, für den bieten Krypto Investments eine tolle Möglichkeit, passives Einkommen zu generieren. Beim Trading, ganz besonderes auch in der Krypto Welt des Tradings, ist es von Vorteil, wenn Sie den wahren, echten Wert der Währung herausfinden können. Die technische Analyse bietet sicherlich auch viele wichtige Informationen, ist jedoch nicht so vielseitig und ungenauer als es die Fundamentalanalyse sein kann.

Wie Sie bereits in den letzten Absätzen gelernt haben, ist es wichtig, das Kurspotenzial richtig zu deuten. Mit den Metriken und Formeln, die ich Ihnen mit auf den Weg gegeben habe, können Sie stets eine gute, grobe Richtlinie erlangen. All diese Informationen sind natürlich umso wertvoller und aussagekräftiger, wenn Sie sie über einen längeren Zeitraum beobachten. Daher empfehle ich, sich frühestmöglich mit dem Thema auseinanderzusetzen – im besten Fall schon viel früher, als Sie investieren wollen.

Wie kann noch investiert werden? Es gibt verschiedene Möglichkeiten, in der Krypto Welt zu investieren. Einige weitere (neben dem oben gezeigten) davon möchte ich gerne mit Ihnen teilen. Sie können, wie oben ausführlich beschrieben, mit der jeweiligen Währung handeln. Sprich: Sie kaufen zu einem guten Zeitpunkt und vielversprechende Währung (diese konnten Sie mithilfe der Metriken und Analysen ermitteln) und verkaufen diese gewinnversprechend wieder, wenn Sie mehr dafür erhalten, als Sie ausgegeben haben. Sie können alternativ auch an der Börse mit Bitcoin und Co handeln. Dies funktioniert nur indirekt - Sie wetten auf die Veränderungen (ein Auf oder Ab) der jeweiligen Währung. Wenn Sie sich lange und gut genug informiert haben, können Sie mit den verschiedenen Analysemöglichkeiten grobe Auf und Abs ganz gut vorhersehen. Damit haben Sie eine gute Chance, etwas Geld nebenbei an der Börse zu machen. Aktuell befinden sich die Exchange Traded Funds, welche kurz ETF genannt werden, in Bearbeitung bzw Planung. Seit kurzer Zeit können Sie auch hier in Europa in Krypto ETN investieren. Dazu sollten Sie sich auch weitergehend informieren, um das bestmögliche Ergebnis zu erzielen.

Nun gibt es natürlich noch die aktiven Trading Möglichkeiten. Eine Strategie ist zwar kein Muss, aber hierbei von großem Vorteil, da sie natürlich auch das Risiko verringern kann. Sie können sich also eine Art Plan erstellen, nach dem Sie vorgehen. Vorab können Sie in Ihrem Trading Plan festhalten, wie Sie reagieren, wenn der Markt sich unerwartet verändert und vieles mehr. Gerne möchte ich Ihnen einige wichtige Punkte nennen, die Sie in Ihre Trading Strategie mit aufnehmen können (sollten). Ein Plan soll Sie, ganz einfach formuliert, auf alles vorbereiten, was eintreten könnte, auf jede unangenehme Situation, jedes mögliche Auf und Ab. Was gehört also in die Trading Strategie? Angefangen bei den Kryptowährungen, mit denen Sie handeln wollen, sollten Sie alle auflisten, in die Sie investieren (wollen). Wichtig ist außerdem, vorab festzulegen, welche Tools Sie nutzen, welche Faktoren und Indikatoren Sie mit aufnehmen und ebenso welches Setup Sie nutzen wollen. Natürlich ist es auch von Bedeutung, wie viel Sie investieren. Ihren eigenen Trading Plan können Sie ebenfalls mit weiteren Informationen füllen. Genauso ist es möglich, sich selbst mit der Strategie und dem Plan, Dos und Don'ts zu setzen, sodass Sie nicht spontan in etwas investieren, wofür Sie eigentlich kein Geld eingeplant hatten. Mithilfe dieses Plans können Sie sich selbst Richtlinien schaffen, nach denen Sie dann traden.

Trading Möglichkeiten

Nun möchte ich Ihnen einige der aktiven Trading Optionen aufzeigen.

Day Trading

Die populärste Strategie ist dabei das Day Trading. Dies meint jedoch nicht, dass ein Trader täglich aktiv ist. Vielmehr sagt dies aus, dass Coins an einem Tag gekauft und eben auch am selben wieder aufgelöst bzw verkauft werden. Trader wollen hierbei einen schnellen Erfolg erlangen, indem sie die Preisschwankungen pro Tag ausnutzen, um Profit zu erzielen. Meist geht es hierbei um Positionen, die innerhalb von 24 Stunden (öfter auch weniger) eröffnet und direkt wieder geschlossen werden. Um auch von Day Trading zu profitieren, können Sie Preisaktionen nutzen oder sich an die Technische Analyse, die ich bereits erwähnt habe, halten. Es gibt online außerdem viele Tools, die Ihnen beim Day Trading zur Hilfe stehen. Wenn Sie sich für das Day Trading entscheiden, sollten Sie wissen, dass gerade diese Variante mit viel Stress und Anspruch verbunden ist. Am Anfang würde ich Ihnen diese Variante nicht empfehlen. Sie kann sehr erfolgversprechend sein, wenn man sich bereits auskennt, doch ebenso riskant, wenn man gerade neu in dem Bereich ist.

Swing Trading

Jetzt wollen wir über das Swing Trading sprechen, einer Strategie, die etwas langfristiger denkt als das Day Trading. Meist wird die Einheit nur wenige Wochen bis maximal einen Monat gehalten. Sie gilt als das Mittelding zwischen Day und Trend Trading und zielt darauf ab, von der Volatilität zu profitieren. Da diese meist in Wellen kommt und länger andauert, haben Swing Trader ein gewisses Fenster, in dem sie einkaufen oder verkaufen können. Für diese Art des Tradings empfiehlt es sich, einen Mix aus technischen und fundamentalen Indikatoren zu beachten. Dafür eignet sich wieder die fundamentale Analyse, die wir vorhin in aller Ausführung besprochen haben. Auch die Chart Muster und technischen Faktoren können eine große Rolle spielen, wenn Sie in den Bereich des Swing Tradings gehen wollen. Ich kann Ihnen diese Variante am ehesten ans Herz legen, da sie sich ebenfalls für Anfänger eignet.

Das Risiko ist nicht so hoch wie beim Day Trading und der gesamte Prozess ist mit weniger Stress verbunden. Dadurch, dass sie bei dieser Variante mehr Zeit haben, können Sie sich gerade am Anfang als Anfänger mehr austoben und den gesamten Prozess besser verfolgen. Auf der anderen Seite ist diese Strategie kürzer als die des Trend Tradings, was für Sie bedeutet, dass sie sich einen besseren Überblick verschaffen und diesen auch behalten können. Sie können zudem in der Zeit länger und besser über ihre Entscheidung nachdenken, sodass wieder das Risiko gesenkt wird. Das bedeutet im Klartext, dass sie bei dieser Variante nicht so eilig und schnell oder unbedacht handeln müssen, wie beispielsweise bei dem Day Trading. Das Day Trading kann eine tolle Sache sein, jedoch würde ich Ihnen raten, diese erst zu nutzen, wenn Sie bereit etwas Erfahrung sammeln konnten.

Trend Trading

Bei der nächsten Strategie handelt es sich um das bereits erwähnte Trend Trading. Dieses wird oftmals auch als Position Trading benannt. Bei dieser Strategie geht es um das lang anhaltende Beibehalten gekaufter Einheiten, von wenigstens einigen Monaten bis hin zu einem ganzen Jahr oder länger. Wie Sie sich wahrscheinlich schon denken können, geht es hierbei darum, von den direktionalen Trends Gewinn zu erhalten. Meistens verwenden Trend Trader auch die Fundamentale Analyse. Diese achtet natürlich auch auf die langfristigen Auswirkungen, jedoch nutzen nicht alle Trend Trader ausschließlich die fundamentale Analyse, da es weitere wichtige Entscheidungsträger gibt. Bei der Strategie des Trend Tradings geht es in erster Linie darum, dass sich der Vermögenswert, auf den gewettet beziehungsweise in den investiert wurde, dem Trend anpasst und sich eben auch in die Richtung des Trends begibt. Darauf basierend handeln Trend Trader in der Regel. Jedoch ist es auch so, dass man beachten muss, dass es letztendlich zum genauen Gegenteil kommen kann. Daher ist es wichtig, dass Menschen, die sich mit Trend Trading befassen möchten, auch die gleitenden Durchschnitte, die Trendlinien sowie ebenfalls die technischen Faktoren beachten. Zudem sollten diese mit in ihrer Strategie oder ihren Plan aufgenommen werden, um alle verschiedenen Faktoren und Indikatoren zu beachten und das finanzielle Risiko zu verringern. Wenn Sie sich ausführlich damit befassen, kann sich Trend Training auch sehr gut für Anfänger eignen. Wenn Sie vorab alle Risiken beachten und ihre Strategie ausführlich ausformulieren, haben Sie gute Chancen auf einen Gewinn.

Scalping

Jetzt kommen wir zur schnellsten aller aktiven Trading Methoden, dem Scalping. Bei dieser Strategie geht es nicht darum, langanhaltende Trends zu beachten oder aus großen Bewegungen Profit zu schlagen. Vielmehr geht es hierbei darum, kleine Bewegungen immer und immer wieder zum eigenen Profit oder Gewinn auszunutzen. So ist es oftmals so, dass Scalper in Lücken der Liquidität oder anderen ineffizienten Bereichen des Marktes den Profit suchen. Meistens ist es so, dass der Sinn nicht darin liegt, die Positionen lange zu halten. Manchmal kommt es sogar vor, nicht selten, dass bei dieser Strategie Positionen nur wenige Sekunden offen gehalten werden und dann direkt geschlossen werden. Wenn Sie eine Marktineffizienz finden, kann sich das Scalp Trading bezahlt machen. Diese Strategie kann in diesem Fall sehr lukrativ sein. Wenn Sie also einen Mangel finden, der immer wieder auftauchen kann beispielsweise, so empfiehlt es sich, diese Art des Tradings auszunutzen. Es geht hierbei eher darum, immer wieder kleinere Gewinne auf diesen Fehlern oder Mängeln zu ziehen und somit nach längerer Zeit einen großen Profit daraus zu schlagen. Da diese Art des Trainings sehr komplex ist und viele verschiedene Faktoren beinhaltet, empfehle ich Ihnen diese Strategie nicht als Anfänger. Dennoch sollten Sie sie unbedingt im Gedächtnis behalten, da sie wie erwähnt wirklich lukrativ sein kann. Testen Sie sich also langsam mit den verschiedenen Arten des Tradings heran und vielleicht werden sie schon bald das Scalping zu Ihrem persönlichen Vorteil nutzen.

Wie Sie sehen, gibt es auch im Trading Bereich eine große Auswahl verschiedener Möglichkeiten. Ich kann Ihnen das Swing Trading empfehlen, wenn Sie sich aktuell noch an das ganze Thema Kryptowährungen und Investitionen herantasten.

Index Investitionen

Doch damit ist gewiss noch nicht genug. Es gibt zudem noch die Möglichkeit der Index Investition. Damit ist der Kauf von den ETFs, die wir gerade kennengelernt haben, gemeint. Sowie auch der Kauf von Indizes (oder auch Index). Der Krypto Index meint letztendlich einfach eine definierte, gesammelte Menge an vorher bestimmten unterschiedlichen Kryptowährungen. Das heißt, Sie haben sogesehen eine Art Portfolio, das die verschiedenen Coins beinhaltet. Diese können nun mit einem Klick verkauft, gekauft oder auch gegen andere getauscht werden. Sie haben also eine Auswahl an Einheiten zusammengestellt und erstellen einen Token, der nun die zusammengeführte Leistung dieser verschiedenen Einheit überprüft sowie verfolgt. Die Auswahl der verschiedenen Einheiten hängt von Ihnen ab und kann aus einem Mix von Coins aus ähnlichen Sektoren darstellen. Nun ist es so, dass die meisten Token abhängig sind - und zwar von den Blockchain Orakeln. Diese wiederum sind als Drittanbieterdienste anzusehen. Sie statten die Smart Contracts, die wir bereits kennen, mit externen Informationen aus. Man kann sie als Mittelsmann zwischen Blockchain und Außenwelt ansehen. Warum werden diese benötigt? Weil sich die Blockchain nicht die externen Daten greifen kann, sondern lediglich die intern hinterlegten. Sie können sich zu diesem Thema weiter informieren, wenn Sie Interesse daran haben. Es kann beispielsweise sinnvoll sein, wenn Sie in einen Privacy Coin Index anstelle eines einzelnen Privacy Coins investieren. Sie haben somit zeitgleich investiert und können auch auf den Sektor Privacy Coins wetten, um im besten Fall doppelten Gewinn zu machen. Der Trend zeigt, dass diese Art der Investition aktuell immer mehr Beliebtheit erlangt, weshalb davon auszugehen ist, dass sich diese Beliebtheit in den kommenden Jahren noch stärker ausweiten wird.

Die Welt der Investments und Kryptowährungen ist riesig, jedoch nicht unmöglich zu erkunden. Wenn Sie sich ein wenig Zeit geben und sich ausführlich über alle Möglichkeiten informieren, bin ich mir sicher, dass Sie eine gute Chance haben, Ihr passives Einkommen mit Kryptowährungen zu generieren. Wie in den letzten Absätzen beschrieben, haben Sie viele Möglichkeiten, was das Trading angeht. Doch auch neben dem Trading gibt es viele verschiedene Optionen oder Strategien, um ein passives Einkommen in der Krypto Welt zu generieren. Ganz gleich, ob Sie mit Investitionen beginnen möchten, ob Sie mit Mining starten, um sich langsam an diesen Bereich heranzutasten oder ob Sie sich direkt ans Trading machen. Mit den Informationen, die Sie von mir erhalten haben, sind Sie auf dem besten Weg, Ihre finanzielle Freiheit anzutreten. Ich kann Ihnen an dieser Stellung nur noch mitgeben, dass Sie es nicht überstürzen sollten. Gerade die Krypto Welt ist sehr groß und komplex und schon viele haben sich daran versucht, sind jedoch gescheitert, da sie einfach zu schnell zu viel wollten. Es empfiehlt sich, ein gesundes Mittelmaß anzustreben und nicht zu übertreiben. Wenn sie aufmerksam sind, Zeit investieren und sich alle Prozesse über längere Zeit anschauen, können Sie die besten Entscheidungen treffen und somit auch den besten Gewinn erzielen. Ich hoffe, dass ich Ihnen mit diesem Buch weiterhelfen konnte und Sie Ihrem Ziel, finanziell frei zu sein, näher bringen konnte. Nachfolgend möchte ich Ihnen noch einige Risiken mit auf den Weg geben, die Kryptowährungen mit sich bringen können. Dies soll Sie nicht davon abhalten, Ihren Traum zu erfüllen. Diese Informationen sollen lediglich dazu dienen, Sie vor allen möglichen Risiken zu warnen und Sie darüber aufzuklären, dass es immer eine Gefahr geben kann, von der wir noch nicht Bescheid wissen. Gerade, weil es in der Gruppe Welt noch so neu ist, können wir nicht wissen, wie groß sie wird, welche Faktoren noch eintreten können.

Die Risiken bitte seien Sie sich derer bewusst!

Auch, wenn es viele gute Möglichkeiten gibt, den Wert und Kurs einzuschätzen, ist keine der Zahlen, die Sie erhalten hundertprozentig eindeutig oder richtig. Es sollte Ihnen in jedem Fall bekannt sein, dass Investitionen (gerade im Krypto Bereich) immer ein Risiko mit sich bringen. Alleine schon, weil die digitale Welt der Währungen noch so jung und frisch ist, kann sich niemand voll und ganz über mögliche Gefahren sicher sein. Sie sollten daher nur investieren, wenn Sie das nötige Geld dafür über haben. Es kann sein, dass Sie jahrelang mit dem Verkauf warten müssen, weil die Währung abgestürzt ist. Sie sollten zudem immer bereit sein, Ihr gesamtes investiertes Geld zu verlieren. Ein Totalverlust ist keine Seltenheit, da Kryptowährungen nur auf der Nachfrage beruhen und somit von heute auf morgen total absinken könnten. Es gibt keinen

Anlegerschutz. Nun gut, das ist Ihnen sicherlich bereits bekannt. Dennoch scheinen einige Menschen diesen Punkt zu vergessen. Niemand muss Sie vorab für die Risiken aufklären oder Ihnen genau zeigen, wie man investiert. Ein Verlust ist nichts, was Sie irgendwo anmelden können, um Entschädigung zu erhalten. Die enorm hohe Volatilität ist ein weiterer Punkt, der beachtet werden sollte. Wir haben bereits ein wenig über sie geredet, anbei noch ein kleines Beispiel: Es gab 2018 in den ersten vier Monaten des Jahres einen totalen Crash, bei welcher alle Kryptowährungen etwa 70 % ihres ursprünglichen Wertes verloren.

Die meisten Kryptowährungen können nicht (direkt) in herkömmliches Geld umgewandelt werden und viele Transaktionen benötigen ihre Zeit. Gerade, wenn Sie erst mit dem Investieren, Traden, starten, sollten Sie sich bewusst sein, dass Kryptowährungen eine stromintensive Beschäftigung sind. Dies wird oft als großer Nachteil angesehen. Ob dies sich für Sie lohnt oder nicht, liegt ganz bei Ihnen.

Zusammenfassung

Ich hoffe, Sie haben nun einen guten ersten Einblick in die Krypto Welt erlangt. Mithilfe dieses Buches, können Sie Strategien ausarbeiten, die Ihnen dabei helfen können, zur finanziellen Freiheit zu gelangen. Wichtig ist, dabei zu beachten, dass jedes Investment seine Risiken mit sich bringt. Wenn Sie sich vorab ausreichend informieren, wird es Ihnen sicherlich leicht fallen, sich an die richtigen Währungen und Strategien heranzuwagen. Ich wünsche Ihnen viel Spaß und viel Erfolg (natürlich) bei Ihren Investitionen. Die Krypto Welt ist überwältigend und beeindruckend, nutzen Sie die zu ihrem Vorteil und schon bald Können Sie Erfolge sehen.

Haftungsausschluss

Dieses Buch enthält Meinungen und Ideen des Autors / der Autorin und hat die Absicht, Menschen hilfreiches und informatives Wissen zu vermitteln. Die enthaltenen Strategien passen möglicherweise nicht zu jedem Leser, und es gibt keine Garantie dafür, dass sie auch wirklich bei jedem funktionieren. Die Benutzung dieses Buchs und die Umsetzung der darin enthaltenden Informationen erfolgt ausdrücklich auf eigenes Risiko. Haftungsansprüche gegen den Autor für Schäden materieller oder ideeller Art, die durch die Nutzung oder Nichtnutzung der Informationen bzw. durch die Nutzung fehlerhafter und/oder unvollständiger Informationen verursacht wurden, sind ausdrücklich ausgeschlossen. Das Werk, inklusive aller Inhalte, gewährt keine Garantie oder Gewähr für Aktualität, Korrektheit, Vollständigkeit und Qualität der bereitgestellten Informationen. Druckfehler und Fehlinformationen können nicht vollständig ausgeschlossen werden.

Impressum:

Rocka Maldini 120, Old Railway Track, SVR 9017, Santa Venera, Malta,

malta.publishing@gmail.com

Printed in Germany
by Amazon Distribution
GmbH, Leipzig

24318675R00065